Tripoli
Libanon-
Gebirge
Baatara
WADI
QADISCHA
Batrun
Douma
Byblos
BEKAA-
EBENE
Baalbek
Beirut
CHOUF-
GEBIRGE
Sidon
Jezzine
Tyros
ng
AF639017

KÜCHENSCHÄTZE AUS DEM LIBANON

زعفران في السوق

John Gregory-Smith ist Bestseller- Rezept- und Reiseautor sowie Moderator und beschäftigt sich vor allem mit der orientalischen und nordafrikanischen Küche. Er hat bisher vier Bücher veröffentlicht: *Honig & Orangenblüte*, *Turkish Delights*, *Mighty Spice Express* und *The Mighty Spice Cookbook*. Außerdem ist er regelmäßig in der Kochsendung *Sunday Brunch* auf Channel 4 zu Gast und schreibt für Magazine wie *Condé Nast Traveller*, das *Delicious Magazine*, *British Airways High Life*, *Grazia*, das *Olive Magazine*, *Out There*, den *Evening Standard* und das *Sainsbury's Magazine*.

KÜCHENSCHÄTZE AUS DEM LIBANON

100 ORIENTALISCHE REZEPTE AUS DEM LAND DER ZEDERN

JOHN GREGORY-SMITH

Foodfotografien von Nassima Rothacker
Sonstige Fotografien von Alan Keohane

CHRISTIAN

Für Kamal Mouzawak, der mir half, den wunderbaren Libanon zu entdecken.

Produktmanagement: Susanne Caesar
Übersetzung aus dem Englischen: Daniela Schmid
Produktionsbetreuung: Print Company Verlagsges. m.b.H., Wien
Umschlaggestaltung: Leeloo Molnàr

Gesamtherstellung Verlagshaus GeraNova Bruckmann GmbH
Printed in China

Alle Angaben in diesem Werk wurden von dem Autor sorgfältig recherchiert und auf den aktuellen Stand gebracht sowie vom Verlag geprüft. Für die Richtigkeit der Angaben kann jedoch keinerlei Haftung übernommen werden. Für Hinweise und Anregungen sind wir jederzeit dankbar. Bitte richten Sie diese an:

Christian Verlag
Postfach 400209
80702 München
E-Mail: lektorat@verlagshaus.de

Die Deutsche Nationalbibliothek verzeichnet diese Publikation in der Deutschen Nationalbibliografie; detaillierte bibliografische Daten sind im Internet über http://dnb.d-nb.de abrufbar.

2. Auflage 2021

Die Originalausgabe mit dem Titel *Saffron in the Souks* wurde erstmals 2019 im Verlag Kyle Books, einem Imprint von Kyle Cathie Ltd, Carmelite House, 50 Victoria Embankment, London veröffentlicht.

Design: Smith & Gilmour
Food-Fotos: Nassima Rothacker
Location-Fotos: Alan Keohane
Food Stylist: Rosie Reynolds
Props Stylist: Wei Tang
Karten: Neil Gower

ISBN 978-3-95961-381-1

INHALT

WIE ICH DEN LIBANON ENTDECKTE

Als ich 2010 mein erstes Kochbuch schrieb, arbeitete ich als Chefkoch in einem Restaurant namens Souk el Tayeb in Beirut. Kamal Mouzawak, der Besitzer, hat mit seinem Lokal einen Ort geschaffen, an den er Frauen aus verschiedenen Regionen des Libanon einlädt, um ihre traditionellen Rezepte einem breiten Publikum näher zu bringen. Dank Kamal habe ich so mit Köchen aus allen Teilen des Landes zusammengearbeitet und einen Eindruck davon bekommen, wie einzigartig die libanesische Küche ist. Dort lernte ich die säuerlichen Aromen, die für den Geschmack der libanesischen Gerichte so typisch sind, und den raffinierten Einsatz von Kräutern und Gewürzen wie Za'atar, Sumach und libanesischem Sieben-Gewürz kennen – und lieben! Immer wenn ich frei hatte, erkundete ich die verschiedenen Viertel Beiruts und probierte mich durch die vielen verschiedenen Gerichte. Es war faszinierend, an einem Ort zu sein, der in meiner Kindheit meist mit Krieg in Verbindung gebracht wurde. Ich konnte mir ein eigenes Bild von der Stadt, den Menschen und dem Essen machen – und wissen Sie was? Ich war verzaubert!

Bei diesem ersten Aufenthalt in Beirut wurde mir geraten, die Stadt nicht zu verlassen. Ich bin auf Reisen zwar eher abenteuerlustig, vor allem, wenn es darum geht, neue Rezepte zu entdecken, aber ich traue meinem Instinkt und dem der Einheimischen: Wenn sie der Meinung sind, man sollte etwas nicht tun, halte ich mich daran. Und trotzdem reiste ich mit tollen Erinnerungen, neuen Freunden und dem Wunsch, unbedingt zurückzukehren, nach Hause. Das war der Anstoß für dieses Buchs. Als ich mich schließlich entschloss, *Küchenschätze aus dem Libanon* zu schreiben, war ich sehr froh, dass sich der Libanon mittlerweile verändert hatte. Die Lage im Land hatte sich beruhigt, und es war sicher genug, um auf Entdeckungstour zu gehen. Das machte mich unglaublich glücklich: nicht nur, weil ich endlich herumreisen konnte, sondern auch, weil dieses wunderbare Land wieder aufblühte.

Mit einem zerbeulten alten Mietauto machte ich mich auf den Weg, um das Land zu erkunden: von den sonnigen Souks in Sidon über das Libanon-Gebirge bis hin zur Bekaa-Ebene, der Obst- und Gemüsekammer des Libanon. Ich bewunderte die römischen Ruinen in Baalbek, pflückte frischen Za'atar in Nabatäa und aß Streetfood in Tripoli. Ich feierte in Beirut, wanderte durch die Zedernwälder von Bischarri und lernte in einem kleinen Dorf im Chouf-Gebirge, wie man drusisches Brot bäckt. Die ganze Zeit über fühlte ich mich absolut sicher und wurde herzlich aufgenommen. Ich erlebte eine unglaubliche Gastfreundschaft und entdeckte eine reiche Esskultur. Man darf aber dennoch nicht vergessen, dass der Libanon noch immer ein unsicheres Land ist. Bei einem meiner letzten Besuche flogen britische, amerikanische und französische Streitkräfte über das Dorf, in dem ich wohnte, um eine Chemiewaffenfabrik in der Nähe von Damaskus in Syrien zu beschießen – nur 80 Kilometer entfernt. Abgesehen von einem besorgten Anruf meiner Familie merkte ich allerdings nichts. Niemand um mich herum schien davon überhaupt Notiz zu nehmen. Das zeigt, dass wir alle unterschiedliche Dinge als »normal« beurteilen – und dass 80 Kilometer weit weg sind, wenn man sich in einer konfliktgeprägten Region befindet.

VERBORGENE SCHÖNHEIT

Wenn ich zu Hause mit Menschen über den Libanon spreche, sind alle immer absolut begeistert von der dortigen Küche: Jeder liebt Hummus, Taboulé, Falafel und Schawarma! Wenn ich aber nach dem Land an sich frage, fällt allen nur Krieg ein. Das stimmt zwar auch, aber der Libanon ist so viel mehr als das: ein wunderschönes Land mit einer Landschaft, die es so nirgendwo anders auf der Welt gibt – und einer wirklich unglaublichen Küche. Das ist es, was ich Ihnen mit diesem Buch zeigen möchte: die positive Seite

dieses Landes, in das ich mich auf den ersten Blick verliebt habe.

Mein erster Besuch in Tripoli, der zweitgrößten Stadt des Libanon, fiel auf einen verregneten Frühlingsmorgen. Ich war in El Mina, dem ältesten Teil der Stadt, wo sich die Phönizier vor etwa 3.000 Jahren niederließen. Auf dem Fischmarkt herrschte reges Treiben, und strahlend blaue Plastiktische bogen sich unter dem Gewicht von glänzenden Tintenfischen, riesigen Garnelen und silbernen Sardellen. Ich streifte durch den Hafen, aß Eis aus *ashta* (der arabischen Version der Crème double oder Mascarpone) und beobachtete die Boote auf dem Meer. Nachmittags hatte sich der Regen verzogen, und die Sonne brannte vom Himmel. Ich ging in den schattigen Souk, genoss Unmengen an Hummus und sauer eingelegtem Gemüse und schlenderte durch die enge Gassen, in denen Obst, Gemüse, Kräuter und Gewürze verkauft werden. Die Stadt hat hier etwas sehr Arabisches: Alte Männer rauchen Sisha und trinken tiefschwarzen Kaffee vor kleinen Cafés, während die Frauen, die hier traditioneller gekleidet sind als in Beirut, ihre Einkäufe erledigen. Das alles macht die Seele dieser Stadt aus – und ist einfach wunderschön und aufregend.

Nach meinem Besuch in Tripoli machte ich mich auf den Weg ins Libanon-Gebirge in die Nähe von Jezzine, um zu wandern. Ein eindrucksvoller Wasserfall schlängelt sich mitten durch die Stadt und ergießt sich in ein üppiges grünes Tal. Ich spazierte durch dichte Pinienwälder und über Wiesen voller lila Schwertlilien, rosa Orchideen, rotem Mohn und weißen Geranien. Der aromatische Duft von Wildkräutern stieg aus den saftigen Wiesen, und an den Bäumen hingen pralle Kirschen, samtige Pfirsiche und knackige Birnen. Irgendwann machte ich eine Pause auf einem Gipfel. Sanfte Hügel erstreckten sich bis zum Meer, dazwischen immer wieder kleine hübsche Dörfer mit ruhigen Plätzen und kleinen Steinkirchen. Das war so anders als das, was ich erwartet hatte, und unglaublich weit weg von Tripoli: Die Landschaft und die Atmosphäre erinnerten viel eher an die Toskana als an den Nahen Osten.

Ich nannte mein Buch im Englischen *Saffron in the Souks*, weil dieser Name für mich alles vereint, was der Libanon ist: aufregend, exotisch und mysteriös. Er steht für die verborgene Schönheit des lebhaften Souk in Tripoli und die Ruhe, die ich in den Bergen erlebte, für all die positiven, wunderschönen Erfahrungen, die ich durch dieses Buch mit Ihnen teilen möchte.

DIE GESCHICHTE DES LANDES

Die Geschichte des Libanon ist sehr komplex, und über lange Zeit wurde viel Blut vergossen. Ich bin weder Historiker noch politischer Journalist, und wenn ich ein Land bereise, um dessen Küche zu erkunden, versuche ich normalerweise, diese Faktoren auszublenden. Das klingt vielleicht seltsam, aber unvoreingenommen zu sein und den Menschen vorurteilsfrei zu begegnen, hilft mir, die Kultur besser zu verstehen – vor allem in Ländern, mit deren politischen und religiösen Praktiken ich nicht ganz einverstanden bin. Trotzdem ist es unmöglich, die Geschichte und Kultur zu ignorieren, wenn man über ein Land schreibt, denn das ist es, was die Identität eines Landes ausmacht – und dessen Küche. Hier finden Sie daher einen kurzen Überblick über die Geschichte dieses faszinierenden Landes, natürlich gibt es aber noch viel mehr zu entdecken und zu erfahren!

Etwa 3.000 Jahre v. Chr. bewohnten die Kanaaniter oder – wie die Griechen sie nannten – die Phönizier den heutigen Libanon. Der Name Phönizier geht zurück auf das alte griechische Wort *phoinios*, zu Deutsch »purpurrot«, was daher rührt, dass das Färben von Stoffen mithilfe von Purpurschnecken ein typisch phönizisches Handwerk war. Die tiefroten Gewänder erfreuten sich bei römischen Eroberern und Generälen schnell großer Beliebtheit, und im 9. Jh. v. Chr. waren die Phönizier zu einer der größten Handelsmächte der Antike aufgestiegen. Sie verkauften Zedernholz, Olivenöl, Wein, Farben und Glas im ganzen Mittelmeerraum bis zur Atlantikküste Afrikas und gründeten die Stadtstaaten Tyros, Sidon (Saida), Gubla (Byblos), Tripoli und Berytus (Beirut), die alle noch heute bestehen.

Alle Großmächte der Antike herrschten über das damalige Phönizien: Im 8. Jh. v. Chr. die Assyrer, danach die Babylonier, bis 539 v. Chr. der persische König Kyros das Land eroberte. Nachdem Alexander der Große die Perser besiegt hatte, machte er Phönizien zu einer Kolonie, und 64 v. Chr. eroberten die Römer Phönizien und bauten Strassen, Städte und wunderschöne Tempel. Im 6. Jh. n. Chr. erschütterte eine Reihe von starken Erdbeben Baalbek und Beirut. Dadurch und durch religiöse Unstimmigkeiten wurde die römische Herrschaft geschwächt. Eroberer von der Arabischen Halbinsel ergriffen die sich ihnen damals bietende Chance und eroberten den Libanon in der ersten Hälfte des 7. Jh.

Die Kreuzzüge, im Zuge derer christliche Länder mehr als zwei Jahrhunderte lang versuchten, das Heilige Land von den Muslimen zu »befreien«, begannen 1095 n. Chr. Die Kreuzritter schafften es zwar nie, den Libanon zu erobern, aber sie hinterließen Burgen und mächtige Festungen entlang der Küste. Die größte von ihnen, Mons Peregrinus, überragt Tripoli noch heute. Nach dem Ende der Kreuzzüge kam es zu Kämpfen zwischen mongolischen Kriegern aus Zentralasien und der mamluckischen Armee Ägyptens. Die Mamlucken errangen die Kontrolle über das Land, wurden aber schließlich wiederum von den Osmanen besiegt. Während der mamluckischen Herrschaft ließ sich ein Ägypter namens ad-Darzi im Süden des Libanon nieder. Seine Anhänger kennt man heute als Drusen, eine Religionsgemeinschaft, die auf dem ismailischen Islam beruht und an die Wiedergeburt glaubt. Noch heute leben viele Drusen in Libanon – sie sind vor allem für ihre unglaubliche Brotbackkunst berühmt. Und es waren zwei mächtige drusische Familien, durch die die Osmanen den Libanon teilautonom beherrschten, bis das Land nach dem Ersten Weltkrieg schließlich unter das französische Völkerbundsmandat kam.

1943 wurde der Libanon unabhängig. Im Laufe der folgenden Jahrzehnte kam es zu Unruhen im Land und den umliegenden Gebieten, die schließlich zu dem schrecklichen Bürgerkrieg führten, der den Libanon 15 Jahre lang, bis 1990, in Atem hielt. Nachdem sich die Lage etwas beruhigt hatte, sorgten Kriege in den Nachbarländern dafür, dass sich unzählige Flüchtlinge auf den Weg in den Libanon machten – mehr als 30.000 Palästinenser und fast 1,5 Millionen Syrer leben heute dort. Der Libanon hat in seiner gesamten Geschichte immer wieder Flüchtlinge aufgenommen: So ließen sich etwa 1915 zahlreiche Armenier, die vor dem Genozid flüchteten, in einem Stadtteil Beiruts namens Bourj Hammoud – einem meiner Lieblingsorte – sowie in Anjar in der Bekaa-Ebene nieder. Alle diese Ereignisse haben den Libanon zu dem gemacht, was er heute ist: einem Schmelztiegel der Kulturen. Muslime, Drusen, Christen, Armenier, Syrer und Palästinenser gehören zum Libanon und haben alle einen großen Einfluss auf die libanesische Küche.

DIE LIBANESISCHE KÜCHE

Im Libanon findet man viele aufregende Produkte, die die Küche unglaublich interessant machen. Koriander, Petersilie und Minze sind nicht wegzudenken, und so gut wie jedes Gericht enthält Knoblauch. Unverzichtbar sind außerdem Piment und libanesisches Sieben-Gewürz, eine pikante Gewürzmischung aus schwarzem Pfeffer, Zimt, Ingwer, Gewürznelken, Muskat, Koriander und Piment – als Ersatz dafür eignet sich hierzulande auch das verbreitetere *baharat*. Für die herrlich säuerlichen Aromen, die typisch für die libanesische Küche sind, sorgen Sumach, ein Gewürz aus den Früchten der Sumachpflanze, Granatapfelsirup und Zitronen. Und gemahlene Kirschkerne (*mahlab*) sowie Rosen- und Orangenblütenwasser werden für üppige Desserts verwendet.

Saisonale Zutaten – wie Dicke Bohnen im Frühling und Granatäpfel im Herbst – sind die Grundlage vieler Gerichte. Weinstöcke, die unglaubliche Trauben tragen, wachsen in der gesamten Bekaa-Ebene, woher außerdem auch das beste Lammfleisch des Landes kommt. Oliven dürfen auf keinem Esstisch fehlen, und Nüsse werden sowohl für süße als auch für herzhafte Gerichte verwendet. Mit Tahin, einer Paste aus gemahlenen Sesamsamen, werden Salate ver-

feinert, sie ist eine Grundzutat für Hummus, und vermischt mit Joghurt, Zitrone und Wasser wird daraus die köstliche Tarator-Sauce, die unzähligen Gerichten den letzten Schliff gibt.

Im von der Hisbollah kontrollierten Süden des Landes baut Abu Kassem das beste Za'atar der Welt an. Za'atar, wie wir es kennen, ist eine Gewürzmischung aus Sesamsamen, Sumach und Thymian. Za'atar ist aber auch die Bezeichnung für den aromatischen wilden Thymian, der im Libanon seit Jahrhunderten gegessen wird. Frischer Za'atar wird verwendet, um den Brotsalat *fattoush* zuzubereiten, und er ergibt vermischt mit Tomaten und Zwiebeln einen einfachen, aber köstlichen Salat. Man kann Za'atar trocknen und mit Olivenöl vermischen oder mit Sumach und Sesamsamen zu besagter Gewürzmischung Za'atar verarbeiten, mit der Fladenbrote namens *man'ouche* (siehe Seite 158) bestrichen werden. Abu war der Erste, der auf seinem kleinen Hof außerhalb Nabatäas Za'atar zum Verkauf anbaute – und heute beliefert er Restaurants von Beirut bis Boston. Er erzählte mir, dass libanesische Mütter ihren Kindern sagen, dass sie Za'atar essen sollen, um klüger zu werden: Das ist sicher mit ein Grund, warum dieses Gewürz im ganzen Land so beliebt ist!

Der Libanon ist nur etwas größer als 10.000 Quadratkilometer, auf der einen Seite begrenzt durch das Mittelmeer, auf der anderen durch die Berge. Das klare Wasser vor der Küste ist reich an Fisch und Meeresfrüchten. Calamari findet man fast überall, und *samke harra*, ein Gericht aus gegrilltem Fisch mit pikanter Tahin-Sauce (siehe Seite 102), wird in verschiedensten Varianten im ganzen Land zubereitet. In den Bergregionen wird wiederum Weizen angebaut – hier hat man das Brotbacken perfektioniert. Mein Lieblingsbrot ist das drusische Fladenbrot *saj*. Auch Bulgur ist äußerst beliebt und in verschiedenen Stärken – grob, fein, extrafein – erhältlich: Grober Bulgur ist perfekt für Pilaw, feinen verwendet man für Taboulé und extrafeinen vermischt mit gehacktem rohem Lamm- oder Ziegenfleisch für *kibbeh nayyeh*.

Kibbeh sind so etwas wie das Nationalgericht des Libanon: Die Bällchen aus Bulgur und Hackfleisch gibt es in verschiedenen Formen und Größen – von simplen rohen *kibbeh nayyeh* über gebackene Varianten bis hin zu frittierten Köfte. Die besten *kibbeh* kommen angeblich aus Zgharta, einer Stadt im Nordosten des Landes, wo ich das Glück hatte, Georgina Bayeh kennenzulernen: Sie zeigte mir, wie man die verschiedenen lokalen *kibbeh*-Varianten zubereitet – immer mit einer Basis aus gehacktem Lammfleisch, vermischt mit extrafeinem Bulgur. Eines ihrer sensationellen Rezepte für *kibbeh* finden Sie auf Seite 82.

»SAHTAIN«

Im Libanon sagt man vor und nach dem Essen *»sahtain«*, was so viel heißt wie »doppelte Gesundheit«. Eigentlich steht es aber für die gemeinsame Freude am Essen, im Sinne von: »Liebe jeden Bissen, den du isst.« Und genau das mag ich so, denn wir vergessen viel zu oft, dass Essen ein Genuss ist. *Küchenschätze aus dem Libanon* ist kein umfassendes Werk mit allen Rezepten der klassischen libanesischen Küche, sondern ein Schnappschuss, der Ihnen zeigt, wie man heute im Libanon isst. So finden Sie hier Rezepte für die wunderbaren irakisch inspirierten *kibbeh* mit Reis anstatt Bulgur meiner Freundin Fadia und einen leckeren syrischen Kebap neben Rezepten für traditionelle libanesische Gerichte wie *yakhni* (siehe Seite 122) und *moghrabieh*, einer Art Couscous aus geröstetem Weizengrieß (siehe Seite 150). Mir geht es immer darum, neue Gerichte zu entdecken, daher gibt es in diesem Buch keine Rezepte für Klassiker wie Taboulé oder Hummus – die findet man heute überall! Stattdessen teile ich mit Ihnen mein Rezept für Frühlings-Taboulé aus dem Chouf-Gebirge (siehe Seite 18) – ganz ohne Tomaten und Petersilie! –, und anstatt für Hummus finden Sie hier ein Rezept für *malezeye* (siehe Seite 16) mit mehr Textur und frischeren Aromen. Der absolute Klassiker, der Brotsalat *fattoush* (siehe Seite 21), darf aber auch hier natürlich nicht fehlen.

Ich hoffe, Sie haben mit diesem Buch so viel Freude, wie ich beim Schreiben hatte. Fangen Sie an zu kochen, lieben und schätzen Sie jeden Bissen und, wie die Libanesen sagen würden: *sahtain!*

MEZZE

ROTE-BETE-RADIESCHEN-SALAT MIT ESTRAGON

Mezze ist eine beliebte Art des Essens im Libanon: Auf den Tisch kommen unzählige verschiedene kleine Speisen, und jeder nimmt sich, so viel er will. Mezze eignen sich als Vorspeise, man kann sie aber auch als Beilage zu einem Hauptgericht reichen. Das hier ist meine Version eines klassischen libanesischen Rote-Bete-Mezzes – mit vielen frischen Kräutern, wunderbar zarten Belugalinsen und herrlich salzigem Feta. Dieser Salat passt perfekt zu *moutabal*, das man hier rechts auf dem Bild ebenfalls sieht – das Rezepte dafür finden Sie auf Seite 20!

Für 4 Personen als Mezze

3 rote Beten (etwa 320 g), in Spalten geschnitten
3 EL Olivenöl, plus etwas mehr zum Beträufeln
2 Frühlingszwiebeln, fein gehackt
70 g Radieschen, gehobelt oder in dünne Scheiben geschnitten
30 g Walnusskerne, grob zerstoßen
2 Handvoll grob gehackte Estragonblätter
2 Handvoll grob gehackte Minzeblätter
400 g Belugalinsen aus der Dose, abgespült und abgetropft
½ TL Aleppo-Pfeffer-Flocken
abgeriebene Schale und Saft von 1 unbehandelten Zitrone
40 g Feta
Meersalz und frisch gemahlener schwarzer Pfeffer

1. Den Backofen auf 220 °C (200 °C Umluft / Gas Stufe 7) vorheizen. Die Rote-Bete-Spalten in eine Bratform geben und mit 2 EL Olivenöl beträufeln, mit reichlich Salz und Pfeffer würzen und alles gut vermischen. Die Rote-Bete-Spalten etwa 1 Stunde im Ofen rösten, bis sie weich sind, anschließend herausnehmen und abkühlen lassen.

2. Die Rote-Bete-Spalten zusammen mit der Bratflüssigkeit in eine große Schüssel geben. Frühlingszwiebeln, Radieschen, Walnüsse, den Großteil der Kräuter, Linsen, Aleppo-Pfeffer-Flocken, Zitronenabrieb und -saft, das restliche Olivenöl und etwas Salz und Pfeffer dazugeben und alles gut vermischen.

3. Den Salat auf eine Servierplatte geben, den Feta darüber zerkrümeln, mit den restlichen Kräuter bestreuen, mit etwas Olivenöl beträufeln und sofort servieren.

KICHERERBSEN MIT ZITRONE NACH AKRA-ART

[MALEZEYE]

Von sechs Uhr früh bis drei Uhr nachmittags wird im Restaurant Akra im alten Souk von Tripoli, der zweitgrößten Stadt des Libanon, die Kichererbse gefeiert: Aus der bescheidenen Hülsenfrucht werden zahlreiche unglaubliche Gerichte zubereitet. Das Restaurant befindet sich in einem wunderschönen alten osmanischen Gebäude, in dem mehr als 350 Gäste Platz finden. Zur Auswahl stehen der klassische Hummus, einer mit Fleisch, *ful* – ein Gericht aus zerstoßenen Dicken Bohnen – und dieses Gericht hier. Wie der klassische Hummus besteht *malezeye* aus Kichererbsen, allerdings verwendet man hier mehr Zitrone und weniger Tahin. Außerdem wird es nicht fein püriert, sodass noch etwas mehr Textur spürbar ist. Im Akra wird dieses Gericht mit Nüssen bestreut – für extra Crunch! –, dazu gibt es Fladenbrot, reichlich Kräuter und sauer eingelegtes Gemüse.

Für 6 Personen als Mezze

300 g (Trockengewicht) Kichererbsen, über Nacht eingeweicht
½ TL Natron
2 Knoblauchzehen, geschält
120 g Tahin
Saft von 1½ Zitronen
60 g Butter
1 TL Aleppo-Pfeffer-Flocken
50 g geröstete Mandelkerne
50 g geröstete Cashewkerne
Meersalz

1. Die Kichererbsen in ein Sieb geben, abtropfen lassen und kurz mit kaltem Wasser abspülen, dann in einen Topf geben und mit kaltem Wasser aufgießen, bis sie einige Fingerbreit bedeckt sind. Das Natron dazugeben und bei hoher Temperatur zum Kochen bringen. Durch das Natron kann es ganz schön schäumen, daher den Topf am besten nicht aus den Augen lassen und den Schaum immer wieder abschöpfen. Sobald das Wasser kocht, die Temperatur reduzieren und die Kichererbsen 1½–2 Stunden kochen, bis sie weich sind, dabei wenn nötig immer wieder kochendes Wasser dazugeben, sodass sie bedeckt bleiben. Die Kichererbsen in einem Sieb über einer Schüssel abtropfen lassen, die Kochflüssigkeit in der Schüssel auffangen.

2. 150 g Kichererbsen in eine große Schüssel geben, den Rest zusammen mit Knoblauch, Tahin, 200 ml Kochflüssigkeit, Zitronensaft und eine großzügige Prise Salz im Mixer pürieren, bis eine relativ cremige Mischung entsteht. Falls die Mischung zu trocken erscheint, ruhig noch etwas mehr Kochflüssigkeit dazugeben. Die pürierte Mischung in die Schüssel mit den ganzen Kichererbsen geben und alles gut verrühren.

3. Die Butter in einen kleinen Topf geben und bei mittlerer Temperatur zerlassen. Die Aleppo-Pfeffer-Flocken und eine Prise Salz dazugeben und gut umrühren, dann den Topf wieder vom Herd nehmen und die Mischung etwa 30 Sekunden ziehen lassen, damit sich die Aromen verbinden können.

4. Das *malezeye* in eine flache Schüssel geben und mit den Löffelrücken verteilen. Die aromatisierte Butter darüberträufeln, mit Mandel- und Cashewkernen bestreuen und sofort servieren.

FRÜHLINGS-TABOULÉ AUS DEM CHOUF-GEBIRGE

Diese Taboulé-Variante ist auf den ersten Blick etwas seltsam: Wo sind die Tomaten und die Petersilie, die eigentlich in jedes Taboulé gehören? Das klassische Taboulé ist ein Sommergericht, aber in den üppigen grünen Bergen des Chouf-Gebirges südöstlich von Beirut verwenden die Einheimischen die Zutaten, die gerade Saison haben. Dieses Taboulé wird im Frühling zubereitet, wenn die Tomaten noch nicht reif sind. Stattdessen verwendet man braune Linsen, gehackte frische Minze sowie etwas Granatapfelsirup, der für eine angenehme Süße sorgt. Zu dieser Variante werden oft Weinblätter oder knackige Salatblätter gereicht: Das Taboulé wird mit den Blättern gegessen, und man braucht keine Gabel – so ist dieses Gericht perfekt für ein Mezze.

Für 4 Personen als Mezze

65 g Bulgur
400 g braune Linsen aus der Dose, abgespült und abgetropft
2 große Handvoll fein gehackte Minzeblätter
4 Frühlingszwiebeln, fein gehackt
Saft von ½ Zitrone, oder mehr nach Geschmack
2 EL Granatapfelsirup
1 EL Olivenöl
Meersalz

1. Den Bulgur in einen Topf geben, mit heißem Wasser aufgießen, bis er bedeckt ist, und dann bei hoher Temperatur einmal aufkochen lassen. Anschließend die Temperatur reduzieren und den Bulgur 5–6 Minuten köcheln lassen, bis er weich ist. Den Bulgur in ein Sieb geben, unter fließendem kalten Wasser abspülen und dann gründlich abtropfen lassen.

2. Bulgur, Linsen, Minze und Frühlingszwiebeln in eine große Schüssel geben. Zitronensaft, Granatapfelsirup, Olivenöl und eine großzügige Prise Salz darübergeben, alles gut vermischen und nach Geschmack mit etwas mehr Salz und Zitronensaft abschmecken.

3. Das Taboulé in eine flache Schüssel geben und sofort servieren.

DIP MIT GERÖSTETER AUBERGINE UND TAHIN

[MOUTABAL]

Eingebettet in die wunderschöne Bergregion von Batrun im Norden des Libanon liegt das Dorf Douma: Von hier aus hat man einen unglaublichen Blick auf ein üppiges grünes Tal, das sich bis zum azurblauen Mittelmeer erstreckt. Die Atmosphäre ist entspannt, fast toskanisch, und das kühlere Klima macht Douma zum perfekten Ort, wenn man in den heißen Sommermonaten auf der Suche nach Abkühlung ist. Im Hotel Beit Douma meines Freundes Kamal Mouzawak, einem der wunderschönen Steinhäuser, die rund um die alte griechisch-orthodoxe Kirche auf dem Dorfplatz verteilt stehen, werden ausgedehnte Mittag- und üppige Abendessen serviert – immer auf der Terrasse und immer mit reichlich gekühltem Rosé. *Moutabal*, das die meisten hierzulande wahrscheinlich eher unter dem Namen Baba Ganoush kennen, ist eines der Gerichte, das in jeder Familie nach einem eigenen traditionellen Rezept zubereitet wird, manchmal mit Joghurt, manchmal aber auch ohne. Das *moutabal*, das Kamals Chefköchin Jemal, eine wunderbare Frau aus Douma, die schon ihr ganzes Leben lang kocht, zubereitet, ist meiner Meinung nach die beste Version dieses Gerichts, die es gibt – und jetzt können auch Sie es genießen (*abgebildet auf Seite 14*).

Für 4 Personen als Mezze

2 Auberginen
70 g Tahin
Saft von 1 Zitrone
2 EL Olivenöl
eine kleine Handvoll fein gehackte Minzeblätter
eine Prise Sumach
Meersalz

1. Die Auberginen direkt auf die offene Gasflamme geben und 10–12 Minuten rösten, dabei immer wieder wenden, sodass sie rundherum genug Hitze abbekommen. Die Auberginen dürfen außen ruhig etwas verbrannt und angekohlt aussehen – das bedeutet, dass sie innen wunderbar weich und einfach köstlich sind. Kurz abkühlen lassen, dann die Schale abziehen und beiseitelegen. Das Fleisch fein hacken und in eine Schüssel geben.

2. Das Auberginenfleisch mit einer Gabel zerdrücken, bis eine geschmeidige Paste entsteht. Tahin, Zitronensaft und Salz dazugeben und gut unterrühren. Das *moutabal* in eine flache Schüssel geben, mit Olivenöl beträufeln, frische Minze und Sumach darüberstreuen und sofort servieren.

KLASSISCHER FATTOUSH

Dieser aufregende Salat ist ein Klassiker, der überall im Libanon zubereitet wird: eine tolle Mischung aus gehacktem frischem Gemüse, aromatischen Kräutern und frittiertem Fladenbrot – und damit übrigens die perfekte Gelegenheit, um altbackenes Fladenbrot zu verwerten. Das Beste daran ist, dass das herrlich knusprige Brot das ganze köstliche, leicht säuerliche Dressing aufsaugt! Diese Variante *(abgebildet auf Seite 23)* wird mit einer klassischen Gemüseauswahl zubereitet, im Libanon verwendet man aber unterschiedlichste Zutaten, je nachdem, was gerade Saison hat – hier ist Experimentieren also durchaus erwünscht!

Für 4 Personen als Mezze

Pflanzenöl, zum Frittieren
50 g Fladenbrot, in etwa 2,5 cm große Stücke zerrissen
1–2 arabische Gurken oder ½ normale Gurke, Kerne entfernt, in grobe Scheiben geschnitten
200 g Tomaten, Kerne entfernt, grob gehackt
2 Frühlingszwiebeln, in dünne Scheiben geschnitten
1 rote Paprika, Kerne entfernt, grob gehackt
100 g Radieschen, in dünne Scheiben geschnitten
ein Bund Minze, grob gehackt
ein Bund Petersilie, grob gehackt
Saft von 1 Zitrone
2 EL Olivenöl
1 TL Sumach
Meersalz

1. Das Pflanzenöl 5–7 cm hoch in einen Topf geben und bei mittlerer Temperatur erhitzen. Die Brotstücke auf mehrere Male je etwa 1 Minute im heißen Öl frittieren, bis sie goldbraun und knusprig sind, dann mit einem Schaumlöffel aus dem Topf heben und auf Küchenpapier abtropfen lassen.

2. Für den Salat die restlichen Zutaten in eine große Schüssel geben und gründlich vermischen, bis alles mit dem wunderbaren, leicht säuerlichen Dressing bedeckt ist. Die knusprigen frittierten Brotstücke darüber verteilen und sofort servieren.

DIMAS BULGURSALAT

Kishk ist eine libanesische Köstlichkeit aus fermentiertem Joghurt, der in der Sommersonne getrocknet und dann zu Pulver gemahlen wird. Er hat einen intensiven Geschmack, der Gerichten ein tolles Umami-Aroma verleiht – von Suppen über *man'ouche*-Fladenbrote bis hin zu Salaten. Meine wunderbare Freundin Dima aus Syrien, die als Küchenchefin im Libanon arbeitet, bereitet einen einfachen Salat zu, für den sie eigentlich *kishk* verwendet. Aber, wie sie mit einem Zwinkern sagte: »Wer hat schon Zeit dafür, Joghurt zu trocknen?!« Daher kreierte sie dieses köstliche Mezze, für das der nussige Bulgur mit cremigem Labneh vermischt und dann mit verschiedenen Toppings serviert wird. Ich liebe diese unkomplizierte Einstellung beim Kochen – und dieses köstliche Ergebnis!

Für 4 Personen als Mezze

180 g Bulgur
280 g Labneh (siehe unten), plus etwas mehr nach Bedarf
Saft von ½ Zitrone
35 g Walnusskerne, grob zerstoßen
2 Frühlingszwiebeln, fein gehackt
eine Handvoll fein gehackte Minzeblätter
Olivenöl, zum Beträufeln
Meersalz

1. Den Bulgur 6–7 Minuten in kochendem Wasser kochen, bis er weich ist, anschließend in ein Sieb geben, unter fließendem kaltem Wasser abschrecken und dann gründlich abtropfen lassen. Bulgur, Labneh und Zitronensaft in eine Schüssel geben, mit Salz würzen, alles gut vermischen und dann abgedeckt im Kühlschrank etwa 2 Stunden durchziehen lassen.

2. Den Bulgursalat etwa 20 Minuten vor dem Servieren aus dem Kühlschrank nehmen, nochmals gut durchrühren, mit Salz abschmecken und, falls die Mischung zu trocken ist, noch etwas Labneh dazugeben. Den Großteil der Walnüsse, Frühlingszwiebeln und Minze dazugeben und alles gut vermischen.

3. Den Salat auf eine Servierplatte geben, die restlichen Walnüsse und Frühlingszwiebeln sowie die restliche Minze darüberstreuen, mit Olivenöl beträufeln und sofort servieren.

SELBST GEMACHTER LABNEH

Labneh ist ein Frischkäse aus abgetropftem Joghurt – man kann ihn kaufen, aber auch ganz einfach selbst herstellen. Wichtig ist dabei, nur qualitativ hochwertigen Vollfettjoghurt (das ist essenziell!) zu verwenden. Dieser wird in ein mit einem Seih- oder Geschirrtuch ausgelegtes Sieb gegeben und über Nacht stehen gelassen. Das Ergebnis? Ein cremiger Frischkäse mit intensivem Aroma!

Ergibt 320 g

350 g griechischer Joghurt (vollfett)

1. Ein Sieb über eine Schüssel geben, mit einigen Schichten Seihtuch oder einem sauberen Geschirrtuch auslegen und den Joghurt in die Mitte geben. Das Tuch oben zusammennehmen, verdrehen, sodass eine kompakte Kugel entsteht, und dann zusammenbinden. Die Kugel im Sieb 12–24 Stunden im Kühlschrank abtropfen lassen: Die Flüssigkeit tropft in die Schüssel und im Tuch bleibt der cremige Labneh zurück. Der fertige Labneh hält sich im Kühlschrank etwa eine Woche.

GEBACKENE KARTOFFELSPALTEN MIT KORIANDER, KNOBLAUCH UND CHILI

Diese einmalige Kombination aus knusprigen Kartoffeln, Knoblauch, Koriander und Chili ist ein klassisches libanesisches Mezze-Gericht – und passt perfekt zu den Hähnchenflügeln auf Seite 27!

Für 4 Personen als Mezze

450 g große Kartoffeln mit Schale, in Spalten geschnitten
4 EL Olivenöl
¼ TL Piment
3 Knoblauchzehen, fein gehackt
eine Handvoll fein gehackte Korianderblätter und -stiele
1 rote Chilischote, fein gehackt
Meersalz

1. Den Backofen auf 220 °C (200 °C Umluft / Gas Stufe 7) vorheizen. Die Kartoffeln in eine Schüssel geben, 2 EL Olivenöl, den Piment und eine großzügige Prise Salz dazugeben, alles gut vermischen und dann auf ein Backblech geben. Die Kartoffeln 35–40 Minuten im Ofen backen, bis sie außen goldbraun und wunderbar knusprig und innen herrlich weich sind.

2. Das restliche Olivenöl in eine große Pfanne geben und bei mittlerer Temperatur erhitzen. Knoblauch, Koriander und Chili dazugeben und unter Rühren etwa 1 Minute frittieren, bis die Mischung herrlich duftet. Die Kartoffeln dazugeben und alles gut vermischen, sodass sie die verschiedenen Aromen gut aufnehmen können. Die fertigen Kartoffelspalten auf eine große Servierplatte geben und sofort servieren.

ARMENISCHER GURKENSALAT

Armenisches Essen findet man überall in Beirut, aber besonders im hippen Mar-Mikhaël-Viertel und im lebhaften Bezirk Bourj Hammoud, der auch als »Little Armenia« bekannt ist, gibt es unzählige tolle armenische Restaurants. Die Gerichte reichen von raffinierten *manti*, leckeren kleinen Teigtaschen, bis hin zu diesem einfach(en) köstlichen Gurkensalat. Mit getrockneter Minze, die etwas intensiver schmeckt als frische Minze, bestreut und mit reichlich Zitronensaft abgeschmeckt ist dieser Salat perfekt als Teil eines Mezzes. Arabische Gurken sind kleiner und haben einen intensiveren Geschmack als die, die man hierzulande kaufen kann, dieser Salat schmeckt aber auch mit ganz normaler Salatgurke – diese einfach der Länge nach halbieren, die Kerne mit einem Löffel herauskratzen und die Gurke in Scheiben schneiden.

Für 4 Personen als Mezze

Saft von ½ Zitrone
2 EL Olivenöl
5 TL getrocknete Minze
2–3 kleine arabische Gurken, in Scheiben geschnitten, oder 1 normale Gurke, Kerne entfernt, in Scheiben geschnitten
Meersalz

1. Zitronensaft, Olivenöl, getrocknete Minze und eine großzügige Prise Salz in eine große Schüssel geben und gut verrühren. Die Gurkenscheiben dazugeben, alles gut vermischen und den Salat dann abgedeckt 20–30 Minuten im Kühlschrank durchziehen lassen, damit sich die Aromen entwickeln können. Den Salat vor dem Servieren nochmals gut durchrühren.

KNOBLAUCH-HÄHNCHENFLÜGEL MIT KORIANDER-PISTAZIEN-PESTO

[JAWANEH]

Diese Hähnchenflügel oder *jawaneh* sind ein klassisches libanesisches Mezze-Gericht – und sie machen süchtig! Das Fleisch wird über Nacht in einer Mischung aus Joghurt, Zitronensaft und Knoblauch mariniert, wodurch es butterzart wird. Die fertigen Hähnchenflügel schmecken pur mit etwas Zitronensaft, ich serviere sie aber am liebsten mit einem frischen Pesto aus Koriander und Pistazien, das für eine regelrechte Geschmacksexplosion sorgt. Das intensiv grüne Pesto sieht toll aus, ist aber ganz einfach zuzubereiten und harmonisiert perfekt mit dem Geschmack der gebratenen Hähnchenflügel.

Für 4 Personen als Mezze

Für die Hähnchenflügel
4 Knoblauchzehen, geschält
½ TL Piment
Saft von ½ Zitrone
2 EL griechischer Joghurt
500 g Hähnchenflügel
1 EL Olivenöl
Meersalz

Für das Pesto
10 g Pistazienkerne
2 Handvoll grob gehackte Korianderblätter
2 EL Weißweinessig
1 EL Olivenöl
Meersalz

1. Den Knoblauch mit etwas Salz im Mörser zu einer Paste zerstoßen, dann zusammen mit Piment, Zitronensaft und Joghurt in eine große Schüssel geben und gut verrühren. Die Hähnchenflügel dazugeben und alles gut vermischen, sodass die Flügel rundherum mit der Mischung bedeckt sind, und dann über Nacht abgedeckt im Kühlschrank marinieren lassen.

2. Den Backofen auf 220 °C (200 °C Umluft / Gas Stufe 7) vorheizen und die marinierten Hähnchenflügel aus dem Kühlschrank nehmen. Das Olivenöl über die Hähnchenflügel träufeln und gut verrühren, dann die Hähnchenflügel auf ein Backblech geben und 35–40 Minuten im Backofen braten, bis sie goldbraun und knusprig sind.

3. In der Zwischenzeit Pistazien und Koriander im Mörser zu einer groben Paste zerstoßen. Essig und Olivenöl dazugeben und mit einer Prise Salz würzen. Das Pesto gut verrühren und dann separat zu den knusprigen Knoblauch-Hähnchenflügeln servieren.

EINGELEGTE AUBERGINEN MIT CHILI UND KNOBLAUCH

[MAKDOUS]

Im Libanon sind säuerliche Aromen sehr beliebt – und damit auch diese eingelegten Auberginen, die die Geschmacksknospen kitzeln. Während der heißen Sommermonate werden kleine Baby-Auberginen gekocht, mit Knoblauch, Walnüssen und Chili (die perfekte Kombination aus Geschmack und Textur!) gefüllt und dann einige Wochen in Olivenöl eingelegt. Dabei passiert etwas Magisches: Die Auberginen beginnen, im Öl zu fermentieren, wodurch sie einen unvergleichlichen leicht säuerlichen Geschmack entwickeln, der regelrecht süchtig macht. Man kann sie im Ganzen als Teil eines Mezzes servieren, fein hacken, um damit Salate zu verfeinern, oder – wenn man sich besonders experimentierfreudig fühlt – wie rechts abgebildet in kleine Stücke schneiden und auf einem Fladenbrot bestrichen mit Rosenblätter-Labneh (siehe Seite 32) servieren.

Für 8 Personen als Mezze

8–12 Baby-Auberginen (etwa 500 g)
reichlich Meersalz, zum Einlegen
4 Knoblauchzehen, geschält
1 rote Chilischote, grob gehackt
60 g Walnusskerne
150 ml Olivenöl

1. Die Auberginen der Länge nach einmal 1–2 cm tief einschneiden und dann in einen Topf mit kochendem Wasser geben. Die Auberginen schwimmen an der Wasseroberfläche, daher gibt man am besten eine Schüssel oder einen Teller auf den Topf, um sie unter Wasser zu halten. Die Auberginen 20–25 Minuten kochen, bis sie weich sind, dann in ein Sieb geben und etwa 5 Minuten abkühlen lassen.

2. Sobald die Auberginen etwas abgekühlt sind, reichlich Salz durch den Schnitt ins Innere jeder Auberginen geben und diese dann wieder zurück in das Sieb legen, sodass die Schnitte nach unten zeigen. Die Auberginen mit einer Schüssel beschweren und etwa 2 Stunden stehen lassen, damit die überschüssige Flüssigkeit abtropfen kann – das Sieb dazu am besten über eine Schüssel geben.

3. In der Zwischenzeit Knoblauch und Chili in einen (Mini-)Mixer geben und zu einer glatten Paste pürieren. Die Walnüsse dazugeben und relativ fein mahlen. Jede Aubergine mit etwas von der Mischung füllen und dann dicht an dicht in ein großes, etwa 700 g fassendes sterilisiertes Einmachglas schichten. Anschließend Olivenöl in das Glas gießen, bis alles gut bedeckt ist; je nach Größe der Auberginen kann es sein, dass man dazu etwas mehr braucht als hier angegeben. Das Glas verschließen und die Auberginen an einem kühlen, trockenen, dunklen Ort mindestens zwei Wochen ziehen lassen. Die fertigen eingelegten Auberginen halten sich mehrere Wochen.

ROSENBLÄTTER-LABNEH

Der köstliche, cremige Labneh eignet sich für herzhafte, aber auch für süße Gerichte. Er schmeckt toll auf French Toast oder sogar Porridge oder mit etwas flüssigem Honig beträufelt, und man kann ihn auch in Eintöpfe, etwa mit Lamm geben, um die Sauce reichhaltiger zu machen. Labneh schmeckt aber auch pur als Mezze – verfeinert mit reichlich Gewürzen, Nüssen und einem großzügigen Schuss Olivenöl. Diese Variante mit Rosenblättern schmeckt herrlich intensiv und einfach köstlich, und die gerösteten Nüsse sorgen für eine interessante Textur. Rosenblätter-Labneh passt perfekt zu den eingelegten Auberginen auf Seite 30 (*abgebildet auf Seite 31*).

Für 4 Personen als Mezze

320 g Labneh (siehe Seite 24)
1 EL Olivenöl
10 g geröstete Mandelblättchen
15 g geröstete Cashewkerne
10 g geröstete Pinienkerne
20 g Sultaninen
½ TL Sumach
abgeriebene Schale von ½ unbehandelten Zitrone
1 TL getrocknete Rosenblätter

1. Den Labneh auf einen Teller geben und mit dem Löffelrücken verteilen. Dann mit Olivenöl beträufeln, die gerösteten Nüsse, die Sultaninen, den Sumach, die abgeriebene Zitronenschale und die Rosenblätter darüberstreuen und sofort servieren.

SPINAT MIT KNOBLAUCH UND ZITRONE

Bei diesem Gericht handelt es sich um eine Abwandlung eines klassischen Mezzes, das mit *hindbeh*, einer Variante des Chicorée, zubereitet wird. Wenn es im Winter im Libanon zu regnen beginnt, wächst *hindbeh* überall. Diese libanesische Variante ist ganz anders als die bitteren Chicoréeknospen, die man bei uns kaufen kann: Es handelt sich um lange, dünne grüne Blätter, die eher an Löwenzahn erinnern und gekocht wunderbar süß schmecken. Spinat ist daher ein geeigneter Ersatz, der zudem ebenso gut mit Knoblauch und Zitrone harmoniert. Dieses Gericht sollte bei Zimmertemperatur serviert werden, da sich die Aromen viel besser entfalten, als wenn der Spinat heiß ist.

Für 4 Personen als Mezze

2 EL Olivenöl
1 Zwiebel, fein gehackt
3 Knoblauchzehen, in Scheiben geschnitten
200 g Babyspinat
Saft von ½ Zitrone
Meersalz und frisch gemahlener schwarzer Pfeffer

1. Das Olivenöl in eine große Pfanne geben und bei mittlerer Temperatur erhitzen. Die Zwiebeln dazugeben und unter gelegentlichem Umrühren 5–6 Minuten anschwitzen, bis sie weich sind. Den Knoblauch dazugeben und weitere 30 Sekunden anbraten, bis er herrlich zu duften beginnt.

2. Spinat, 2 EL Wasser und die Hälfte des Zitronensafts in die Pfanne geben und mit Salz und Pfeffer würzen. Die Mischung 3–4 Minuten dünsten, bis der Spinat zusammenfällt, dann in eine große Schüssel geben und abkühlen lassen. Den restlichen Zitronensaft dazugeben und gut vermischen, nach Bedarf mit Salz abschmecken und sofort servieren.

GRANATAPFEL-SUCUK

Sujuk, zu Deutsch Sucuk, ist eine kräftig gewürzte grobe Rohwurst aus Rindfleisch, die man in vielen arabischen Lebensmittelgeschäften kaufen kann. Sie schmeckt herrlich rauchig und wird superknusprig, wenn man sie anbrät. Da man Sucuk nicht immer bekommt, habe ich ein Rezept für selbst gemachte *sujuk* kreiert, die mindestens genauso lecker schmecken wie gekaufte. Das intensiv gewürzte Fleisch harmoniert perfekt mit der säuerlichen Süße des Granatapfelsirups – ein sehr leckeres und raffiniertes Mezze!

Für 4 Personen als Mezze

260 g Rinderhackfleisch mit 20 % Fett
3 Knoblauchzehen, zerdrückt
1 TL Aleppo-Pfeffer-Flocken
½ TL Piment
½ TL Paprikapulver
2 EL Olivenöl
4 EL Granatapfelsirup
2 EL gestiftelte Pistazien
15 g Granatapfelkerne
einige fein gehackte Minzeblätter, zum Servieren
Meersalz

1. Rinderhackfleisch, Knoblauch, Aleppo-Pfeffer-Flocken, Piment, Paprikapulver und eine großzügige Prise Salz in eine Schüssel geben und alles gut vermischen. Aus der Mischung acht nicht zu dicke Würste formen.

2. Das Olivenöl in einer großen beschichteten Pfanne bei mittlerer Temperatur erhitzen, dann die Sucuk in die Pfanne geben und unter mehrmaligem Wenden 5–6 Minuten anbraten, bis sie rundherum knusprig sind. Die Pfanne vom Herd nehmen, den Granatapfelsirup dazugeben und die Pfanne schwenken, bis die Würste rundherum mit dem Sirup bedeckt sind. Die Sucuk auf eine Servierplatte geben, mit Pistazien, Granatapfelkernen und Minze bestreuen und sofort servieren.

GEFÜLLTE WEINBLÄTTER

[WARAK ARISH]

Warak arish, gefüllte Weinblätter, werden überall im Libanon zubereitet. Dafür werden Weinblätter gepflückt, die Stiele entfernt und die Blätter vorgekocht – da man sie so besser verarbeiten kann. Ich verwende meist eingelegte Weinblätter, die man in vielen arabischen Lebensmittelgeschäften findet. Diese sollte man gründlich unter kaltem Wasser abspülen, damit sie nicht zu salzig sind. Auf die Blätter kommt eine Füllung – oft besteht diese aus Lammfleisch und Reis, hier sind der Fantasie aber im Grunde keine Grenzen gesetzt –, dann rollt man sie zu kleinen kompakten Rollen, die schließlich bei geringer Temperatur in Brühe langsam gegart werden. *Warak arish* schmecken mild-säuerlich und sind perfekt in Kombination mit verschiedenen anderen Mezze-Gerichten. Die Zubereitung ist relativ zeitaufwendig, machen Sie es am besten wie im Libanon: Laden Sie Freunde ein, die Ihnen helfen, und bedanken Sie sich mit einem libanesischen Festmahl!

Für 10 Personen als Mezze

60 g Basmati-Reis
180 g Lammhackfleisch mit 10–15 % Fett
¼ TL Piment
45 eingelegte Weinblätter
1 Tomate, in Scheiben geschnitten
2–3 Knoblauchzehen, geschält
Saft von ½ Zitrone
700 ml Lammfond (aus ½ Brühwürfel)
Meersalz

1. Den Reis gründlich mit kaltem Wasser abspülen, um die Stärke auszuwaschen, gut abtropfen lassen und dann in eine Schüssel geben. Lammhackfleisch, Piment und eine großzügige Prise Salz dazugeben und alles gut vermischen.

2. Die Weinblätter mit kaltem Wasser gut abspülen, damit sie später nicht zu salzig schmecken, und zum Abtropfen in ein Sieb geben. Dann jeweils ein Weinblatt auf ein großes Schneidebrett geben, sodass der Stielansatz zu Ihnen zeigt. Einen großzügigen Teelöffel der Reis-Fleisch-Mischung knapp über den Stielansatz geben und horizontal verteilen. Die Seiten des Blattes über die Füllung klappen und das Blatt dann nach vorn zusammenrollen, sodass eine kompakte kleine Rolle entsteht. Mit den restlichen Weinblätter und der restlichen Füllung wiederholen. Insgesamt reichen die hier angegebenen Zutatenmengen für etwa 35–40 gefüllte Weinblätter.

3. 4–5 Weinblätter in einen beschichteten Topf geben, sodass der Boden bedeckt ist. Darüber die Tomatenscheiben verteilen und schließlich die gefüllten Weinblätter daraufgeben. Je nach Größe des Topfes kann man die gefüllten Weinblätter auch stapeln. Den Knoblauch dazugeben, den Zitronensaft darüberträufeln und dann mit Fond aufgießen, bis alles bedeckt ist.

4. Bei hoher Temperatur zum Kochen bringen, dann die Temperatur reduzieren, einen Teller auf die gefüllten Weinblätter geben, sodass sie mit Flüssigkeit bedeckt bleiben, und etwa 1½ Stunden sanft köcheln lassen, bis Fleisch und Reis gar sind. Die gefüllten Weinblätter vorsichtig aus der Garflüssigkeit nehmen, abkühlen lassen und bei Zimmertemperatur servieren.

BRUTZELNDER SOMMER-THUNFISCH

Der sensationelle Fisch und die köstlichen Meeresfrüchte, die man überall an der Küste des Libanon bekommt, haben mich zu diesem Thunfisch-Mezze inspiriert. Im Libanon wird Fisch oft direkt über dem offenen Feuer gegrillt und nur mit etwas Zitrone serviert, sodass der Geschmack des frischen Fischs im Mittelpunkt steht. Die Kombination Labneh und Thunfisch erscheint auf den ersten Blick vielleicht etwas gewöhnungsbedürftig, aber der frische Geschmack des Labneh ist der perfekte Gegenpol zum herzhaften Aroma des Fischs. Thunfisch sollte nur kurz gebraten werden, sodass er in der Mitte noch rosa ist. Alternativ kann man auch ein ganzes Thunfischsteak grillen und dann in Stücke schneiden.

Für 4 Personen als Mezze

4 EL Olivenöl
4 Knoblauchzehen, in dünne Scheiben geschnitten
eine kleine Handvoll fein gehackte Korianderblätter
240 g Gelbflossen-Thunfisch, in etwa 1 cm große Stücke geschnitten
Saft von ½ Zitrone
200 g Labneh (siehe Seite 24)
1 TL Sumach
½ TL Aleppo-Pfeffer-Flocken
Meersalz

1. Das Olivenöl in eine Pfanne geben und bei hoher Temperatur erhitzen. Knoblauch und Koriander dazugeben und unter Rühren 20 Sekunden anbraten, dann den Thunfisch dazugeben und mit einer großzügigen Prise Salz würzen. Gut umrühren und den Thunfisch etwa 1 Minute braten, bis er außen gar, innen aber noch wunderbar rosa ist. Die Pfanne vom Herd nehmen, den Zitronensaft über die Thunfischstücke träufeln und alles nochmals gut verrühren.

2. Den Labneh auf eine Servierplatte geben und mit dem Löffelrücken verteilen. Die Thunfischstücke zusammen mit der Bratflüssigkeit darüber verteilen, alles mit Sumach und Aleppo-Pfeffer-Flocken bestreuen und sofort servieren.

KNUSPRIGE ZA'ATAR-CALAMARI

An der Küste des Libanon gibt es zahlreiche fantastische Fischrestaurants – und alle servieren herrlich knusprige Calamari auf großen Platten mit Zitronenspalten, die man darüber ausdrückt, bevor man sie genießt. Bei diesem einfachen Rezept werden die frittierten Tintenfischringe in einer Mischung aus Za'atar und Salz gewendet – das sorgt für noch mehr Geschmack!

Für 4 Personen als Mezze

Pflanzenöl, zum Frittieren
400 g Tintenfischtuben
3 EL Speisestärke
3 EL Mehl
2 EL Za'atar
Zitronenspalten, zum Servieren
Meersalz

1. Das Pflanzenöl 7–8 cm hoch in einen Topf geben und bei hoher Temperatur erhitzen. Die Tintenfischtuben mit Küchenpapier trockentupfen und in etwa 1 cm breite Ringe schneiden.

2. Speisestärke und Mehl in eine Schüssel geben und gut vermischen. Einige Tintenfischringe in der Mehl-Stärke-Mischung wenden und dann sofort ins heiße Öl geben (man sollte die Tintenfischringe nicht in der Mehl-Stärke-Mischung liegen lassen, da sie sonst klumpig wird!). Die Tintenfischringe 2–3 Minuten bei hoher Temperatur frittieren, bis das Öl aufhört zu blubbern und sie goldbraun und knusprig sind. Die Calamari mit einem Schaumlöffel vorsichtig aus dem Öl nehmen und auf Küchenpapier abtropfen lassen. Mit den restlichen Tintenfischringen wiederholen.

3. Za'atar und eine großzügige Prise Salz in eine Schüssel geben, gut vermischen und die frittierten Tintenfischringe darin wenden. Die fertigen Calamari mit Zitronenspalten servieren.

SeaFood
CHAISE-LONGUES
For-Rent

NOVOSSIBIRSK
SAINT-PETERSBOURG
MOURMANSK
РОССИЯ
CARDIFF
MANCHESTER
GLASGOW
UNITED KINGDOM
OXFORD
EDINBURGH
BELFAST
LONDON
ROMA
ITALIA
VENEZIA
MADRID
BARCELONA
VALLADOLID
ESPAÑA
SEVILLA
PALMA DE MALLORCA
VALENCIA

GEMÜSE

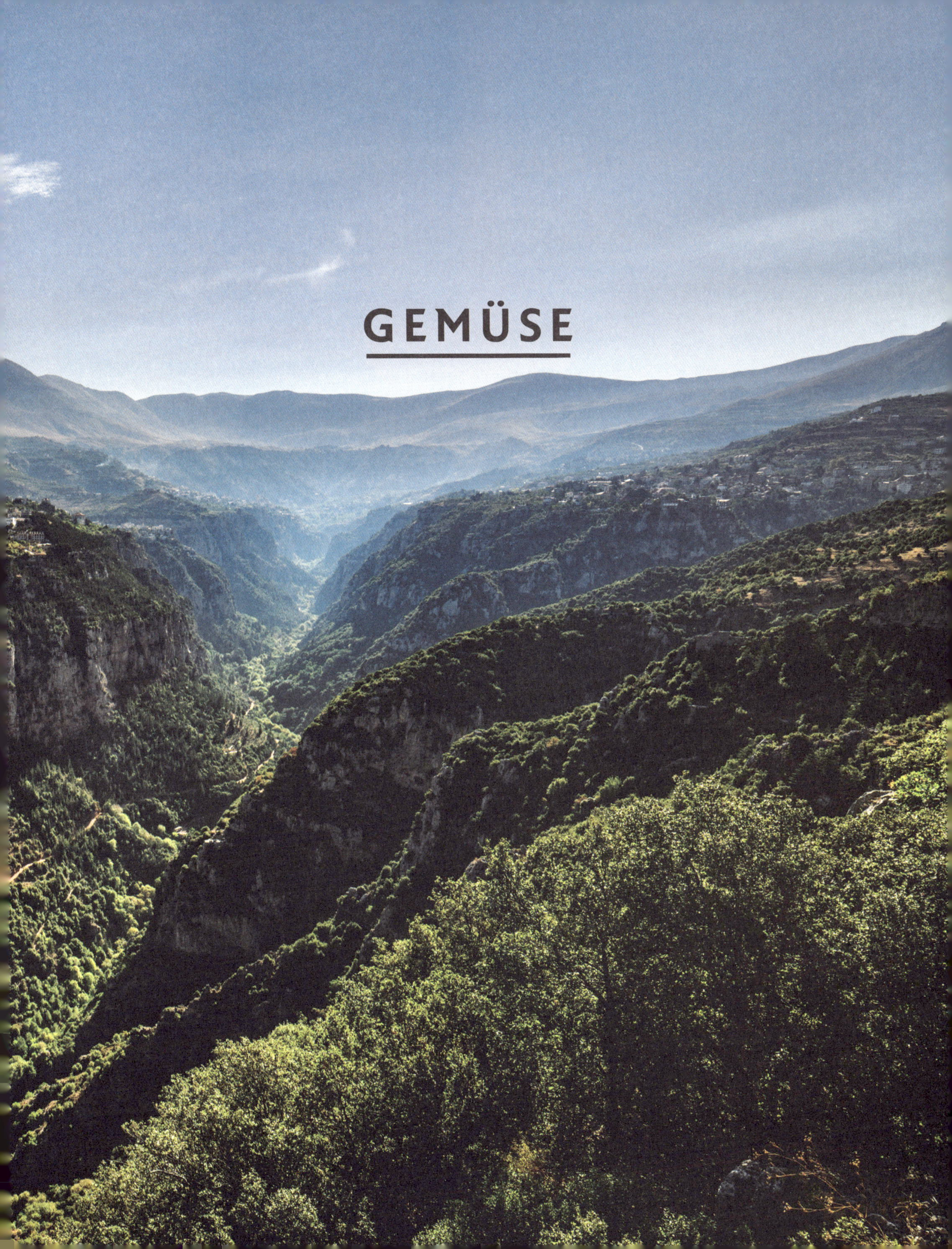

FATTEH MIT GEBRATENEN AUBERGINEN

Das ist meine Version des köstlichen libanesischen Auberginen-*fatteh*. Traditionell werden die Auberginen dafür in Stücke geschnitten und gebraten oder frittiert und dann mit einer reichhaltigen Tahin-Sauce komplett bedeckt. Auf diese wunderbar cremige Sesamschicht kommen dann verschiedene Toppings, die für Farbe, zusätzlichen Geschmack und Textur sorgen. Als ich den Libanon bereiste, habe ich verschiedenste *fatteh*-Varianten kennengelernt. In Baalbek im Osten wird die Tahin-Sauce zum Beispiel mit Granatapfelsirup verfeinert, was sie etwas fruchtiger macht, und mit aromatischer getrockneter Minze garniert. Für meinen Geschmack überdeckt die Sauce dabei aber den Geschmack der Auberginen zu sehr. Für meine etwas leichtere Version werden Auberginenscheiben gebraten und mit etwas Sauce beträufelt – und dann mit Pinienkernen, Granatapfelkernen und frischem Koriander garniert. *Fatteh* wird normalerweise als Mezze oder als Beilage serviert, es eignet sich aber auch ganz wunderbar als Hauptgericht, serviert mit Fladenbrot und frischem Minztee.

Für 4 Personen

Pflanzenöl, zum Frittieren
50 g Fladenbrot, in etwa 2,5 cm große Stücke gerissen
2 Auberginen, der Länge nach in etwa 5 mm dünne Scheiben geschnitten
4 EL Olivenöl, plus etwas mehr zum Beträufeln
Saft von 1 Zitrone
100 g griechischer Joghurt
55 g Tahin
1 Knoblauchzehe, zerdrückt
Meersalz

Zum Garnieren

25 g geröstete Pinienkerne
50 g Granatapfelkerne
eine kleine Handvoll Korianderblätter

1. Das Pflanzenöl 7–8 cm hoch in einen Topf geben und bei mittlerer Temperatur erhitzen. Die Brotstücke im heißen Öl etwa 1 Minute frittieren, bis sie goldbraun und knusprig sind, dann mit einem Schaumlöffel aus dem Topf nehmen und auf Küchenpapier abtropfen lassen.

2. Eine gusseiserne Pfanne bei hoher Temperatur erhitzen. Die Auberginenscheiben von beiden Seiten mit etwas Olivenöl bepinseln und mit Salz bestreuen und dann von jeder Seite 2–3 Minuten anbraten, bis sie leicht gebräunt und weich sind. Bei mir ist es fast immer so, dass sie auf der einen Seite etwas länger brauchen als auf der anderen – am besten einfach immer einen Blick auf die Pfanne haben und die Temperatur reduzieren, falls die Auberginen zu schnell Farbe annehmen. Die gebratenen Auberginenscheiben auf eine Servierplatte geben und mit der Hälfte des Zitronensafts beträufeln.

3. In der Zwischenzeit Joghurt, Tahin, 50 ml Wasser, Knoblauch und den restlichen Zitronensaft in eine Schüssel geben und gut verrühren. Die Sauce über die Auberginenscheiben träufeln, die frittierten Brotstücke, die Pinien- und Granatapfelkerne und den Koriander darüber verteilen, mit etwas Olivenöl beträufeln und sofort servieren.

GEFÜLLTE PAPRIKA MIT KRITHARÁKI UND FETA

Dieses Rezept ist eine Abwandlung des besten Gerichts meiner Freundin Rima Khodrs: *horr osbaa*. Im Original handelt es sich dabei um einen Eintopf mit Linsen, Knoblauch und reichlich Granatapfelsirup sowie kleinen nudelähnlichen Klößchen, die direkt im Eintopf gegart werden. Für eine etwas modernere Variante verwendet Rima statt der Klößchen Kritharáki. Ich liebe dieses Gericht – und habe mich daran orientiert, um ein Rezept für gefüllte Paprika zu kreieren: ein einfaches, aber köstliches Gericht, das ich mit einer wunderbar würzigen Koriandersauce serviere.

Für 4 Personen

2 große oder 4 kleine rote Paprika, halbiert
4 EL Olivenöl
120 g Kritharáki
300 g grüne Linsen aus der Dose, abgetropft
2 Frühlingszwiebeln, fein gehackt
2 EL Granatapfelsirup
120 g Kirschtomaten, halbiert
60 g Feta
½ Knoblauchzehe
eine Handvoll grob gehackte Korianderblätter und -stiele
Saft von ½ Zitrone
15 g geröstete Pinienkerne
Meersalz

1. Den Backofen auf 200 °C (180 °C Umluft / Gas Stufe 6) vorheizen. Die Paprika in eine Bratform geben, rundherum mit je 1 EL Olivenöl bepinseln, mit Salz und Pfeffer würzen und dann 40–45 Minuten backen, bis sie weich sind. Die Paprika auf eine Servierplatte geben und beiseitestellen.

2. In der Zwischenzeit die Kritharáki in einen Topf mit kochendem Wasser geben, gut umrühren, damit sie nicht zusammenkleben, und 6–8 Minuten kochen, bis sie weich sind, aber noch etwas Biss haben. Abgießen, unter fließendem kalten Wasser abschrecken und dann in eine große Schüssel geben. Linsen, Frühlingszwiebeln, Granatapfelsirup und 1 EL Olivenöl dazugeben, mit Salz und Pfeffer würzen und alles gut vermischen. Die gebackenen Paprika mit der Mischung füllen, den Rest der Mischung rundherum verteilen und schließlich die Kirschtomaten und den Feta darüber verteilen.

3. Den Knoblauch mit etwas Salz im Mörser zu einer feinen Paste zerstoßen, dann den Koriander dazugeben und ebenfalls zerkleinern. Zitronensaft, das restliche Olivenöl und 1 EL Wasser dazugeben, alles gut vermischen und dann über die gefüllten Paprika träufeln. Die Pinienkerne darüberstreuen und sofort servieren.

KLOSTER-DES-MONDES-KOHL

Ich hatte das Glück, zur Sommereröffnung eines zauberhaften kleinen Hotels im Distrikt Chouf in der Nähe des kleinen Dorfs Deir El Qamar, was wörtlich übersetzt so viel heißt wie »Kloster des Mondes«, eingeladen zu werden. Das Dorf erstreckt sich rund um einen wunderschönen alten Platz mit einer kleinen Moschee und ruhigen Terrassen, die perfekt sind für einen kühlen Drink in der Nachmittagshitze. Ich kam etwas früher im Hotel an, um zuzusehen, wie in der Küche gearbeitet wird, was schließlich dazu führte, dass ich mithalf. Es gab ein Festmahl mit bergeweise Kebab, verschiedensten Eintöpfen, luftigem Reis, Mezze und einem ganzen Tisch nur für die köstlichen Desserts. Aber das beste Gerichte bestand nur aus gebratenem Kohl mit Bulgur und Gewürzen: einfach himmlisch! Die Kombination von Tomate, Zitrone und getrockneter Minze ist für mich das, was die östliche Mittelmeerküche ausmacht. Und ich muss mich an dieser Stelle bei meiner Freundin Dima für das Rezept bedanken: Meine Liebe, es ist der Wahnsinn!

Für 4 Personen als Beilage

3 EL Olivenöl
1 Zwiebel, in feine Streifen geschnitten
500 g Weißkohl, in feine Streifen geschnitten
1 TL getrocknete Minze
Saft von 1½ Zitrone
1 EL Tomatenmark
20 g extrafeiner Bulgur
eine große Handvoll fein gehackte Minzeblätter
Meersalz

1. 2 EL Olivenöl in eine große Pfanne geben und bei mittlerer Temperatur erhitzen. Die Zwiebeln dazugeben und unter gelegentlichem Umrühren 6–8 Minuten anschwitzen, bis sie weich sind.

2. Die Temperatur erhöhen, den Kohl dazugeben und 2–3 Minuten anbraten, anschließend 50 ml Wasser dazugeben und weitere 30 Sekunden dünsten. Die Temperatur reduzieren und den Kohl abgedeckt 7–8 Minuten weiterdünsten, bis er weich ist, aber noch etwas Biss hat.

3. Die Pfanne vom Herd nehmen und die getrocknete Minze, ein Drittel des Zitronensafts, das Tomatenmark, den Bulgur und weitere 50 ml Wasser dazugeben. Alles gut verrühren, den Deckel wieder auf die Pfanne geben und 30 Minuten ziehen lassen, bis der Bulgur weich ist.

4. Den restlichen Zitronensaft und das restliche Olivenöl in die Pfanne geben und gut vermischen. Mit Salz abschmecken, die Minze darüberstreuen, alles gut verrühren und dann auf eine große Servierplatte geben. Am besten schmeckt der Kloster-des-Mondes-Kohl übrigens, wenn man ihn bei Zimmertemperatur serviert.

GERÖSTETE KAROTTEN MIT TAHIN UND SCHWARZEM SESAM

Eine der wichtigsten geschmackgebenden Zutaten im Libanon ist Tahin, eine cremige Paste aus gerösteten und dann gemahlenen Sesamsamen. Wenn Sie Tahin kaufen, achten Sie darauf, dass es beige und eher flüssig ist und wunderbar glänzt. Auf der Zunge sollte es sich seidig anfühlen und süß schmecken, nie bitter. Bei Tahin aus dem Supermarkt setzt sich oft eine Schicht Öl oben auf der Paste ab – das ist das in den Sesamsamen enthaltene Öl. Wenn das der Fall ist, sollten Sie das Tahin gut durchrühren, sodass es wieder zu einer geschmeidigen Paste wird. Wenn das Tahin leicht bitter schmeckt, kann man auch etwas Joghurt unterrühren. Im Libanon verwendet man Tahin für weit mehr als nur Hummus: Salate, Eintöpfe und sogar Desserts werden damit verfeinert. Bei diesem Rezept verwandelt es einfache im Ofen geröstete Karotten in eine einmalige Beilage.

Für 4 Personen als Beilage

450 g bunte Karotten
2 EL Olivenöl
¾ TL gemahlener Kreuzkümmel
Saft von ½ Zitrone
3 EL Tahin
eine kleine Handvoll fein gehackte Korianderblätter
½ TL schwarze Sesamsamen
Meersalz

1. Den Backofen auf 220 °C (200 °C Umluft / Gas Stufe 7) vorheizen. Die Karotten in eine Bratform geben, mit Olivenöl beträufeln, etwas Salz und den Kreuzkümmel dazugeben, gut umrühren und die Karotten dann 30–35 Minuten im Ofen rösten.

2. Die Karotten auf eine große Platte geben, den Zitronensaft darüberträufeln und vorsichtig vermischen. Schließlich das Tahin darüber verteilen, mit Koriander und Sesamsamen bestreuen und sofort servieren.

MAGISCHE MEDINA-FALAFEL-PITA

An der Küste südlich von Beirut liegt die alte phönizische Hafenstadt Sidon, die für ihr Streetfood bekannt ist. Bei meinem Besuch schlenderte ich durch die von der Sonne aufgeheizte Medina und probierte mich durch die unglaublichen Gerichte, die in kleinen Ständen und auf den brutzelnden Grills der Schawarma-Läden zubereitet werden. Der Preis für das beste Gericht geht aber eindeutig an das Restaurant Falafel Akkawi Saida, wo es die besten Falafel-Pita der ganzen Stadt gibt. Die haben es einfach drauf: knusprige Falafeln, cremiges Tahin, knackiger Salat und säuerliches eingelegtes Gemüse – nicht von dieser Welt!

Ergibt 6–8 Pita

Für die Falafeln
1 Zwiebel, grob gehackt
4 Knoblauchzehen, geschält
eine große Handvoll Korianderblätter und -stiele
eine große Handvoll Petersilie
400 g Kichererbsen, über Nacht in kaltem Wasser eingeweicht und dann gut abgetropft
4 EL Kichererbsenmehl
2 TL gemahlener Kreuzkümmel
2 TL gemahlener Koriander
1 TL Aleppo-Pfeffer-Flocken
½ TL Backpulver
¼ TL Natron
Pflanzenöl, zum Frittieren
Meersalz

Zum Servieren
6–8 runde Pita-Brote, halbiert
2 Römersalatherzen, in feine Streifen geschnitten
2 Handvoll Petersilie
200 g eingelegtes Gemüse, in feine Streifen geschnitten
2 TL Sumach
Tahin, zum Beträufeln
Chilisauce, nach Geschmack

1. Zwiebel und Knoblauch im Mixer zu einer feinen Paste pürieren, dann die Kräuter dazugeben und weitermixen, bis sie fein zerkleinert sind. Kichererbsen, Kichererbsenmehl, Kreuzkümmel, Koriander, Aleppo-Pfeffer-Flocken, Backpulver, Natron sowie eine großzügige Prise Salz dazugeben und einige Minuten mixen, bis alles gut vermischt ist, dabei die Mischung mit einem Spatel immer wieder von den Seiten nach unten schieben, bis eine glatte Mischung entsteht. Aus der Mischung 30–32 walnussgroße Kugeln formen.

2. Das Pflanzenöl in einem großen Topf bei mittlerer bis hoher Temperatur erhitzen. Der Topf sollte etwa 7–10 cm hoch mit Öl gefüllt sein, sodass die Falafel komplett bedeckt sind. Einige Falafeln in das heiße Öl geben und 1–2 Minuten frittieren, bis sie goldbraun sind. Bei Bedarf dabei die Hitze etwas reduzieren, damit sie nicht zu schnell Farbe annehmen. Die fertigen Falafeln mit einem Schaumlöffel aus dem Öl nehmen und auf Küchenpapier abtropfen lassen. So nach und nach die restlichen Falafeln ebenfalls frittieren.

3. Die Pita-Brote je mit einigen Falafeln etwas Salat, Petersilie und eingelegtem Gemüse, einer Prise Sumach sowie Tahin und Chilisauce nach Geschmack füllen und sofort servieren.

RUSTIKALER TOMATENSALAT

Bei diesem einfachen Salat stehen die süßen Tomaten, die im Sommer überall im Libanon wachsen, im Mittelpunkt. Wie in den meisten Mittelmeerländern ist das frische Gemüse auch im Libanon einfach sagenhaft. Man schmeckt ihm die Sommersonne so richtig an – was für einen wunderbar aromatischen Geschmack sorgt. Wie bei allen hochwertigen Zutaten muss man daher gar nicht mehr viel tun, um tolle Gerichte zu zaubern. Für diesen rustikalen Tomatensalat braucht man eine bunte Auswahl an Tomaten in verschiedenen Formen, Farben und Größen, die in unregelmäßige Stücke geschnitten werden. Essig und Sumach bilden einen Gegensatz zur Süße der Tomaten und runden den leichten Salat wunderbar ab.

Für 4–6 Personen als Beilage

2 Knoblauchzehen
2 EL Olivenöl
1 EL Rotweinessig
500 g Tomaten in verschiedenen Größen und Farben, in Scheiben geschnitten (kleinere Tomaten halbiert oder geviertelt)
Meersalz und frisch gemahlener schwarzer Pfeffer

Zum Garnieren
20 g geröstete Pinienkerne
½ TL Sumach
eine kleine Handvoll zerrissene Minzeblätter

1. Den Knoblauch mit etwas Salz im Mörser zu einer Paste zerstoßen. Olivenöl und Rotweinessig dazugeben und alles gut vermischen, bis ein dickflüssiges Dressing entsteht.

2. Die Tomaten auf einer großen Servierplatte verteilen und mit etwas Salz und Pfeffer würzen. Das Dressing darüberträufeln und den Salat garniert mit Pinienkernen, Sumach und Minzeblättern servieren.

IM GANZEN GEBACKENER HALLOUMI MIT ZITRUSFRÜCHTESALAT

Als ich im Libanon zum ersten Mal im Ganzen gebackenen Halloumi gegessen habe, war ich begeistert: Das ist einfach die perfekte Zubereitungsart für Halloumi! Natürlich schmecken auch in der Pfanne angebratene Scheiben lecker, aber es ist einfach toll, für Zutaten, die man mag, neue Arten der Zubereitung zu entdecken. Hier wird der Halloumi zuerst im Ganzen in der Pfanne angebraten, damit er rundherum schön braun wird, und dann im Ofen gebacken, wodurch er innen wunderbar weich wird. Wenn man den Halloumi dann aus dem Ofen nimmt, sieht er superentspannt aus, so als hätte er gerade glücklich ausgeatmet, und wenn man mit dem Finger daraufdrückt, merkt man, dass er nachgibt und innen einfach wunderbar weich sein muss. Dazu kommen sensationelle Sommerzutaten: Zitrusfrüchte, zartes Blattgemüse und Kräuter. Übrigens: Dieses Gericht schmeckt am besten, wenn man auf einer sonnigen Terrasse sitzt!

Für 2 Personen als Hauptgang oder für 4 Personen als Beilage

2 EL Olivenöl
250 g Halloumi im Ganzen
1 Grapefruit, geschält
2 Orangen, geschält
60 g Rucola und Babyspinat, gemischt
2 Handvoll frische Oreganoblätter
Meersalz

Zum Garnieren

10 g Pistazienkerne, grob zerstoßen
1 TL Sumach
½ TL Aleppo-Pfeffer-Flocken

1. Den Backofen auf 200 °C (180 °C Umluft / Gas Stufe 6) vorheizen. Das Olivenöl in eine kleine, ofenfeste beschichtete Pfanne geben und erhitzen. Den Halloumi in die Pfanne geben und 2–3 Minuten von einer Seite anbraten, dann von den vier »kleineren« Seiten jeweils 30–40 Sekunden anbraten und den Halloumi schließlich mit der nicht angebratenen Seite nach unten in der Pfanne in den Backofen geben und 18–20 Minuten im Ofen backen, bis er schön weich ist – er sollte in der Mitte etwas einsinken und nachgeben, wenn man mit dem Finger daraufdrückt.

2. In der Zwischenzeit die Grapefruit und die Orangen über einer Schüssel filetieren, um den ganzen herrlichen Saft aufzufangen. Etwas Salz zum Saft geben und gut verrühren. Zitrusfilets, Rucola und Babyspinat sowie die Hälfte der Oreganoblätter in die Schüssel zum Zitrussaft geben, alles gut vermischen und dann auf einer großen Servierplatte verteilen. Den gebackenen Halloumi in die Mitte setzen, mit Pistazien, Sumach, Aleppo-Pfeffer-Flocken und den restlichen Oreganoblättern bestreuen und sofort servieren.

PORTULAK, GRANATAPFEL UND GERÖSTETE ZUCCHINI

Portulak – oder *bakleh* – ist ein wunderbares wildes Gemüse, das im Libanon besonders gut wächst. Portulak hat hellrote Stiele und grüne Blätter, die wunderbar zitronig-herb schmecken. Man kann die Blätter roh als Salat essen, mit Labneh zu einem Kräuterdip verrühren oder mit Zwiebeln und Sumach anbraten und dann als Füllung für Teigtäschchen verwenden. Portulak ist reich an Vitaminen und Omega-3-Fettsäuren und damit unglaublich nahrhaft. Bei diesem Rezept sorgen die Blätter für einen Hauch Frische und machen diesen typischen libanesischen Salat aus reichlich Gemüse und einem säuerlichen Dressing mit einem Hauch Tahin damit zu etwas ganz Besonderem. Wenn Sie keinen Portulak finden, eignet sich als Ersatz Feldsalat. Dieser sieht nicht nur ähnlich aus wie Portulak, er ähnelt ihm auch geschmacklich, nur dass er etwas weniger herb ist.

Für 4 Personen

900 g Zucchini, in 2,5–3 cm dicke Scheiben geschnitten
3 EL Olivenöl
250 g Kirschtomaten, grob gehackt
4 Frühlingszwiebeln, in grobe Scheiben geschnitten
Saft von 1 Zitrone
90 g Portulak
1 EL Granatapfelsirup
2 EL Tahin
10 g geröstete Pinienkerne
Meersalz und frisch gemahlener schwarzer Pfeffer

1. Den Backofen auf 200 °C (180 °C Umluft / Gas Stufe 6) vorheizen. Die Zucchinischeiben in eine Bratform geben, 2 EL Olivenöl darüberträufeln, mit reichlich Salz und Pfeffer würzen und gut vermischen. Die Zucchinischeiben 40–45 Minuten im Ofen rösten, bis sie weich und goldbraun sind. Herausnehmen, kurz abkühlen lassen und dann auf einer großen Servierplatte verteilen.

2. Tomaten und Frühlingszwiebeln in eine Schüssel geben. Zitronensaft, das restliche Olivenöl und eine großzügige Prise Salz und Pfeffer dazugeben, alles gut vermischen und dann über den gerösteten Zucchinischeiben verteilen.

3. Den Portulak in die Schüssel geben, in der vorher die Tomaten und Frühlingszwiebeln angemacht wurden, mit dem restlichen Dressing in der Schüssel vermischen und dann über die Tomaten geben. Falls noch Dressing in der Schüssel ist, dieses ebenfalls auf dem Salat verteilen.

4. Granatapfelsirup und Tahin über das Gemüse träufeln, mit Pinienkernen bestreuen und sofort servieren.

JACQUELINES RAUCHIGE AUBERGINEN

Nach einer langen Wanderung im unglaublich schönen Tal Wadi Qadischa quartierte ich mich in einer Pension namens Dar Qadisha ein, die von Jacqueline Touma geführt wird. Es ist ein altes Gebäude mit Steinbögen, wunderschönen Gewölbedecken und verzierten Balkonen, und im Garten wachsen pastellfarbene Rosen, die das ganze Haus umrahmen. Ohne dass ich davon wusste, hatte Jacqueline ein Abendessen für mich zubereitet – das war der perfekte Abschuss dieser Wanderung: brutzelndes *shish taouk* (Kebab), mit reichlich Kreuzkümmel gewürzter Hummus, frisch gebackenes Brot und säuerlicher Auberginensalat. Auberginen sind eine Grundzutat der libanesischen Küche und so vielseitig, dass sie zu verschiedensten Gerichten wie *moutabal* (siehe Seite 20) oder Auberginen-*fatteh* (siehe Seite 46) verarbeitet werden. Jacqueline röstete die Auberginen auf der offenen Gasflamme, wodurch sie ein tolles rauchiges Aroma erhalten, und hackte sie dann zu einer groben Paste, die sie mit frischen Tomaten, Frühlingszwiebeln und Minze verfeinerte.

Für 4 Personen als Beilage

2 Auberginen
300 g verschiedenfarbige Kirschtomaten, grob gehackt
4 Frühlingszwiebeln, in dünne Scheiben geschnitten
2 Handvoll grob gehackte Minzeblätter
2 EL Olivenöl
Saft von 1 Zitrone
Meersalz

1. Die Auberginen direkt auf die offene Gasflamme geben und 8–10 Minuten rösten, dabei immer wieder wenden, sodass sie rundherum genug Hitze abbekommen. Die Auberginen dürfen außen ruhig etwas verbrannt aussehen – dann sind sie innen wunderbar weich. Kurz abkühlen lassen, dann die Schale abziehen und beiseitelegen.

2. Das Fleisch grob hacken und in eine Schüssel geben. Tomaten, Frühlingszwiebeln, Minze, eine großzügige Prise Salz, Olivenöl und Zitronensaft dazugeben, alles gut vermischen und dann auf einer großen Servierplatte anrichten.

GEFÜLLTE ARTISCHOCKEN MIT MINZE & ERBSEN

Für dieses einfache Gericht werden Artischockenherzen mit Minze und Erbsen gefüllt, und Zitronensaft sorgt für sommerliche Frische. Man kann dafür in Öl eingelegte Artischockenherzen verwenden, wodurch die Zubereitung besonders unkompliziert ist. Wenn ich genug Zeit habe und Artischocken bekomme, verwende ich aber auch gerne frische. Im Libanon gibt man einen ganzen Bund Minze ins Kochwasser, das gibt den Artischocken ein wunderbares Aroma – probieren Sie es aus!

Für 4 Personen als Beilage

150 g Tiefkühlerbsen
Saft von 1 Zitrone
2 EL Olivenöl
eine kleine Handvoll fein gehackte Minzeblätter
8 in Öl eingelegte Artischockenherzen, abgetropft (etwa 160 g)
Meersalz

1. Die Erbsen etwa 1 Minute in kochendem Wasser blanchieren, dann abgießen, unter fließendem kaltem Wasser abschrecken und gründlich abtropfen lassen. Die Erbsen in eine Schüssel geben, Zitronensaft, Olivenöl und Minze sowie eine großzügige Prise Salz dazugeben und alles gut vermischen.

2. Die Artischockenherzen auf eine große Platte geben und mit der Erbsenmischung füllen. Die restliche Flüssigkeit aus der Schüssel darüberträufeln und sofort servieren.

SPINAT-KÜRBIS-KIBBEH

Traditionell bestehen *kibbeh* aus einer Mischung aus Bulgur und Lammhackfleisch. Aber die traditionelle libanesische Küche entwickelt sich ständig weiter und wird an den modernen Geschmack angepasst, daher findet man heute auch verschiedenste vegetarische *kibbeh*-Versionen. Das hier ist eine von mir kreierte Variante mit geröstetem Kürbis und Bulgur als Basis für die *kibbeh*, die schließlich mit einer cremigen Spinatmischung gefüllt werden.

Für 4 Personen

500 g Kürbis (Hokkaido oder Butternuss), Schale entfernt, in 2,5–5 cm große Stücke geschnitten
5 EL Olivenöl, plus etwas mehr zum Beträufeln
¼ TL gemahlener Zimt
¼ TL Piment
100 g extrafeiner Bulgur
300 g Spinatblätter
1 Zwiebel, fein gehackt
2 Knoblauchzehen, fein gehackt
eine Handvoll fein gehackte Petersilie, plus einige Blätter zum Garnieren
1¼ TL Sumach
200 g Labneh (siehe Seite 24)
20 g geröstete Pinienkerne
Pflanzenöl, zum Frittieren
Saft von ½ Zitrone
¼ TL Aleppo-Pfeffer-Flocken
Meersalz und frisch gemahlener schwarzer Pfeffer

1. Den Backofen auf 220 °C (200 °C Umluft / Gas Stufe 7) vorheizen. Kürbisstücke, 1 EL Olivenöl und reichlich Salz und Pfeffer in einer Schüssel vermischen, auf ein Backblech geben und 25–30 Minuten backen. Die Kürbisstücke abkühlen lassen, mit Zimt und Piment in eine Schüssel geben und mit einer Gabel zerdrücken. Mit Salz und Pfeffer abschmecken.

2. Den Bulgur 5 Minuten in 2 EL Wasser einweichen, dann zum Kürbis geben, gut unterrühren und die Mischung abgedeckt für 1 Stunde kalt stellen.

3. In der Zwischenzeit eine große Pfanne bei hoher Temperatur erhitzen. Die Hälfte des Spinats, eine großzügige Prise Salz und 1 EL Wasser dazugeben und den Spinat 1½–2 Minuten dünsten, bis er zusammenfällt. In ein Sieb geben und mit dem restlichen Spinat wiederholen. Den Spinat mit dem Löffelrücken im Sieb gut ausdrücken und dann fein hacken.

4. 2 EL Olivenöl in die Pfanne geben und bei mittlerer Temperatur erhitzen. Die Zwiebeln dazugeben und 5–6 Minuten anschwitzen, bis sie weich sind. Den Knoblauch dazugeben und 30 Sekunden anbraten. Die Zwiebel-Knoblauch-Mischung, Petersilie, 1 TL Sumach, 80 g Labneh und 10 g Pinienkernen zum Spinat geben, gut vermischen und mit Salz und Pfeffer würzen.

5. Aus der Kürbismasse zwölf Kugeln formen. Mit dem Daumen jeweils eine Vertiefung in die Mitte drücken, etwas von der Spinatmischung hineingeben, die Kürbismasse darüber verschließen, zu Kugeln formen und auf einen mit Frischhaltefolie ausgelegten Teller geben. Dafür braucht man etwa die Hälfte der Spinatmischung. Die *kibbeh* abgedeckt für 15 Minuten kalt stellen.

6. Das Pflanzenöl 7–8 cm hoch in einen Topf geben und bei mittlerer Temperatur erhitzen. Die *kibbeh* auf mehrere Male je 1–1½ Minuten frittieren, bis sie goldbraun sind, und dann auf Küchenpapier abtropfen lassen.

7. Die restliche Spinatmischung, Labneh, Olivenöl, Zitronensaft und eine großzügige Prise Salz in einer Schüssel vermischen, dann auf eine Platte geben und mit dem Löffelrücken verteilen. Die *kibbeh* daraufgeben, mit Aleppo-Pfeffer-Flocken, Petersilie, dem restlichen Sumach und den Pinienkernen bestreuen, mit Olivenöl beträufeln und sofort servieren.

PASTA NACH DOUMA-ART MIT KNOBLAUCHSAUCE

Ich habe eigentlich nicht erwartet, im Libanon Pasta zu essen – bis ich in das wunderschöne kleine Dorf Douma kam und *maakroun btoum* entdeckte, was so viel heißt wie Nudeln mit Knoblauch. Dieses libanesische Gericht erinnert dabei allerdings mehr an Gnocchi als an Nudeln: wunderbar luftige, weiche Klößchen, die über die feine Seite einer Käsereibe gerollt werden, wodurch sie eine tolle Struktur bekommen und die Sauce aus Knoblauch, Zitronensaft und Olivenöl regelrecht aufsaugen. Ein rustikaler Genuss und trotzdem unglaublich raffiniert, wie das oft bei klassischen selbst gemachten Gerichten der Fall ist. Tatsächlich war ich ab dem ersten Bissen so verliebt in diese Pasta, dass der Teenager in mir sofort ein Instagram-taugliches Bild mitsamt dem Garten voller Wildblumen im Hintergrund schießen wollte. Also eilte ich, mit dem Teller in der Hand, in Richtung Garten, ohne zu bemerken, dass ich dazu eine Glastüre hätte öffnen müssen. Bam! Ich war über und über voll mit *maakroun btoum* – und die anwesenden Einheimischen brachen in schallendes Gelächter aus.

Für 4 Personen

Für den Teig
300 g Mehl, plus etwas mehr zum Verarbeiten
1 TL (3,5 g) Trockenhefe
1 TL Salz
2 EL Olivenöl

Für die Sauce
4 Knoblauchzehen, zerdrückt
6 EL Olivenöl
Saft von 1½ Zitronen
1½ TL Zucker
2 Handvoll fein gehackte Minzeblätter
abgeriebene Schale von 1 unbehandelte Zitrone
Meersalz

1. Mehl, Hefe und Salz in eine Schüssel geben und gut vermischen. Olivenöl und 250 ml warmes Wasser dazugeben und verkneten. Den Teig auf eine bemehlte Arbeitsfläche geben und kneten, bis er geschmeidig ist, dann zu einer Rolle formen und in 16 Portionen teilen. Die Teigportionen in Frischhaltefolie einschlagen, damit sie nicht austrocknen, und dann nach und nach zu einer je etwa 10 cm langen Rolle formen. Diese in acht kleine Stücke schneiden und mit Mehl bestauben. Anschließend die feine Seite einer Käsereibe mit Mehl bestauben und die Nudeln vorsichtig mit den Fingern über die Reibe rollen. Dabei leicht drücken, sodass sie sich etwas wölben – so bekommt man eine tolle Textur, die dafür sorgt, dass die Nudeln richtig viel Sauce aufnehmen.

2. Einen großen Topf mit Wasser füllen und dieses bei hoher Temperatur zum Kochen bringen. Die Nudeln auf zwei Mal hineingeben und jeweils etwa 4–5 Minuten kochen, bis sie bissfest sind und nicht mehr nach Mehl schmecken. In ein Sieb geben und abtropfen lassen, dabei etwas von dem Kochwasser für die Sauce auffangen.

3. In der Zwischenzeit Knoblauch, Olivenöl, Zitronensaft, Zucker und eine Prise Salz in einen Mixer geben und pürieren, bis eine geschmeidige, glänzende Sauce entsteht. Die Sauce, die Pasta, die Hälfte der Minze, 3–4 EL Kochwasser und eine großzügige Prise Salz in eine Schüssel geben und alles gut vermischen. 2–3 Minuten stehen lassen, damit die Nudeln die Sauce aufnehmen können, dann auf tiefe Teller verteilen, die restliche Minze und die abgeriebene Zitronenschale darüberstreuen und sofort servieren.

TRIPOLITANISCHER OKRA-EINTOPF

[BAMIEH BIL ZEIT]

Dieser wunderbar würzige Okra-Eintopf ist typisch für die libanesische Küche. Diese Variante ist eine Abwandlung eines tripolitanischen Rezepts mit reichlich Granatapfelsirup und halbierten Schalotten, die dem Gericht eine wunderbare Struktur geben. Man kann entweder normale oder Baby-Okraschoten verwenden, falls man welche bekommt. Okraschoten werden klebrig und zäh, wenn man sie nicht richtig zubereitet. Röstet man sie zuerst im Ofen, passiert das nicht – und es ist eine etwas gesündere Variante im Vergleich zur traditionellen Methode, bei der sie frittiert werden.

Für 4 Personen

300 g Okraschoten, der Länge nach halbiert
3 EL Olivenöl
4 (Bananen-)Schalotten, geschält und halbiert
6 Knoblauchzehen, geschält
3 Tomaten, fein gehackt
1 EL Tomatenmark
3 EL Granatapfelsirup
Meersalz

1. Den Backofen auf 220 °C (200 °C Umluft / Gas Stufe 7) vorheizen. Die Okraschoten auf ein Backblech geben, mit 1 EL Olivenöl beträufeln, mit Salz und Pfeffer würzen und alles gut vermischen. Das Backblech in den Ofen geben und die Okraschoten 12–15 Minuten backen, bis sie weich sind, dabei zwischendurch einmal wenden.

2. In der Zwischenzeit das restliche Olivenöl in einen Topf geben und bei hoher Temperatur erhitzen. Schalotten und Knoblauch dazugeben und gut umrühren. Die Temperatur reduzieren und die Schalotten und den Knoblauch 8–10 Minuten unter gelegentlichem Umrühren anbraten, bis sie goldbraun sind.

3. Tomaten und Tomatenmark dazugeben, mit 100 ml heißem Wasser aufgießen und mit einer großzügigen Prise Salz würzen. Gut umrühren und unter gelegentlichem Umrühren 7–8 Minuten köcheln lassen, bis die Tomaten zerfallen.

4. Die gebackenen Okraschoten und den Granatapfelsirup dazugeben, gut umrühren und nach Bedarf mit Salz abschmecken. Die Temperatur reduzieren, den Eintopf abgedeckt noch etwa 5 Minuten köcheln lassen und sofort servieren.

SYRISCHE FETTUCINE MIT GRANATAPFEL UND LINSEN

[HURRAK OSBAO]

Die wunderbare Küche Syriens, eines Nachbarlandes des Libanon, das leider durch den Krieg zerrüttet ist, findet man auch im Libanon überall – das ist toll, denn so bleibt diese alte Esskultur erhalten. Dieses sensationelle Pasta-Gericht mit Linsen heißt *hurrak osbao*, zu Deutsch »verbrannte Finger«, was so viel heißt wie: Dieses Gericht ist so wunderbar, dass man es am liebsten mit den Händen essen würde und sich dabei die Finger verbrennt. Auch wenn ich mehr Pasta verwende, als das traditionell der Fall ist, sind die Aromen ausgewogen: Duftender Koriander, getrocknete Minze und Kreuzkümmel und säuerlicher Granatapfelsirup sorgen dafür! Die Kombination mag ungewöhnlich erscheinen, aber der Geschmack hat am Ende noch jeden überzeugt!

Für 4 Personen

200 g Fettuccine
4 EL Olivenöl, plus etwas mehr zum Beträufeln
2 Zwiebeln, in feine Streifen geschnitten
4 Knoblauchzehen, fein gehackt
2 Handvoll fein gehackte Korianderblätter
2 TL getrocknete Minze
2 Kardamomkapseln, zerdrückt
1 TL Piment
1 TL gemahlener Kreuzkümmel
½ TL Sumach
¼ TL gemahlener Zimt
400 g grüne Linsen aus der Dose, abgespült und abgetropft
1 EL Tomatenmark
250 ml Gemüsebrühe
Saft von ½ Zitrone
4 EL Granatapfelsirup
50 g Granatapfelkerne
20 g Walnusskerne, grob zerstoßen
Meersalz

1. Die Fettuccine in einem großen Topf mit kochendem Wasser 7–8 Minuten bissfest kochen, dann abseihen und dabei 50 ml Kochwasser auffangen.

2. In der Zwischenzeit die Hälfte des Olivenöls in eine große Pfanne geben und bei mittlerer Temperatur erhitzen. Die Hälfte der Zwiebeln dazugeben und unter gelegentlichem Umrühren 8–10 Minuten anbraten, bis sie goldbraun sind.

3. Den Knoblauch und die Hälfte des Korianders dazugeben und gut unterrühren. Getrocknete Minze, Kardamom, Piment, Kreuzkümmel, Sumach und Zimt dazugeben, mit einer großzügigen Prise Salz würzen und alles gut verrühren.

4. Fettuccine, Linsen, Tomatenmark, Brühe, Zitronensaft und Granatapfelsirup ebenfalls in die Pfanne geben und alles gut vermischen, dann die Temperatur reduzieren und abgedeckt weitere 5–6 Minuten köcheln lassen, bis die Fettuccine gar sind. Das aufgefangene Kochwasser unterrühren.

5. In der Zwischenzeit das restliche Olivenöl in eine kleine beschichtete Pfanne geben und bei hoher Temperatur erhitzen. Die restlichen Zwiebeln dazugeben und 6–8 Minuten anbraten, bis sie goldbraun und knusprig sind. Falls die Zwiebeln zu schnell Farbe annehmen, die Temperatur reduzieren.

6. Die Fettuccine auf vier Schüsseln verteilen, Granatapfelkerne, Walnüsse, angebratene Zwiebeln und den restlichen Koriander darüber verteilen, jede Portion mit etwas Olivenöl beträufeln und sofort servieren.

GEBRATENES & GEGRILLTES

RITAS RINDFLEISCH-SCHAWARMA

Schawarma, das im ganzen Nahen Osten äußerst beliebt ist, ist im Grunde einfach mariniertes Fleisch. Im Libanon findet man in vielen geschäftigen Straßen an kleinen Ständen herrlich brutzelndes Hähnchen- oder Lamm-Schawarma. In der in den Bergen gelegenen Stadt Jezzine, wo es üppige Pinienwäldern, bunte Wildblumenwiesen und einen Wasserfall mitten im Ort gibt, habe ich diese wunderbare Variante kennengelernt. Die Essenz des klassischen Schawarma ist noch zu erkennen, aber irgendwie schmeckt es so einfach noch besser!

Für 4 Personen

Für das Schawarma
6 Knoblauchzehen
1 EL frische Thymianblätter
1 EL Apfelessig
100 ml Rotwein
½ TL Piment
5 EL Olivenöl
3 Rinderlendensteaks (à etwa 220 g), pariert und in feine Streifen geschnitten
2 Zwiebeln, in feine Streifen geschnitten
350 g Tomaten, fein gehackt
1 EL Tomatenmark
Saft von ½ Zitrone
Meersalz und frisch gemahlener schwarzer Pfeffer

Für die Tarator-Sauce
80 g Tahin
Saft von ½ Zitrone
Meersalz

Für die marinierten Zwiebeln
1 rote Zwiebel, in feine Streifen geschnitten
Saft von 1 Zitrone
eine kleine Handvoll fein gehackte Petersilie
1½ TL Sumach
Meersalz

Zum Servieren
Libanesischer Butterreis (siehe Seite 149)

1. Den Knoblauch mit etwas Salz im Mörser zu einer Paste zerstoßen, dann den Thymian dazugeben und ebenfalls zerkleinern. Essig, Wein, Piment, 2 EL Olivenöl und eine großzügige Prise Pfeffer dazugeben, gut verrühren und die Mischung in eine große Schüssel geben. Das Fleisch dazugeben, alles gut vermischen und dann über Nacht abgedeckt im Kühlschrank marinieren lassen.

2. Am nächsten Tag das restliche Olivenöl in einer großen, weiten Pfanne bei mittlerer Temperatur erhitzen. Die Zwiebeln dazugeben und unter gelegentlichem Umrühren 8–10 Minuten anschwitzen, bis sie weich sind. Die Tomaten dazugeben, mit Salz und Pfeffer würzen, gut umrühren und weitere 4–5 Minuten anbraten, bis die Tomaten zerfallen. Schließlich das Tomatenmark unterrühren.

3. Das Fleisch in die Pfanne geben, 200 ml heißes Wasser in die Schüssel mit der Marinade füllen, kurz umrühren und die Flüssigkeit schließlich ebenfalls in die Pfanne gießen. Gut umrühren, einmal aufkochen lassen, die Temperatur reduzieren und dann abgedeckt 25–30 Minuten köcheln lassen, bis das Fleisch weich ist. Den Zitronensaft unterrühren, mit Salz und Pfeffer abschmecken, die Temperatur wieder etwas erhöhen und weitere 7–8 Minuten köcheln lassen, bis die Sauce etwas eingedickt ist, dabei die Pfanne immer wieder schwenken. Vom Herd nehmen und vor dem Servieren abgedeckt 5 Minuten ziehen lassen.

4. In der Zwischenzeit die Zutaten für die Tarator-Sauce mit 65 ml Wasser zu einer glatten Sauce verrühren.

5. Zwiebeln, Zitronensaft und eine großzügige Prise Salz vermischen, 15 Minuten ziehen lassen und dann Petersilie und Sumach unterrühren.

6. Zum Servieren den Butterreis auf vier Schüssel verteilen, das Schawarma dazugeben, die Tarator-Sauce darüberträufeln, einen Löffel marinierte Zwiebeln seitlich dazugeben und sofort servieren.

KLASSISCHE RINDFLEISCH-KEBABS

Wenn man durch die Medina von Tripoli spaziert, lockt einen an jeder Ecke der köstliche Duft von brutzelnden Kebabs, die an kleinen Ständen überall am Straßenrand zubereitet werden. Damit das Fleisch schön saftig wird, muss es einen hohen Fettgehalt haben – ich empfehle mindestens 20 Prozent. Diese Kebabs sind einfach zuzubereiten und perfekt zum Grillen. Anstatt das Fleisch in Fladenbrot eingerollt zu servieren, bevorzuge ich, es auf – selbst gemachtem oder qualitativ hochwertigem gekauftem – Hummus anzurichten und mit einer köstlichen Mischung aus marinierten roten Zwiebeln mit Sumach und Petersilie zu garnieren.

Für 4 Personen

Für die marinierten Zwiebeln
1 rote Zwiebel, in feine Streifen geschnitten
Saft von 1 Zitrone
1 TL Sumach
eine kleine Handvoll fein gehackte Petersilie
Meersalz

Für die Kebabs
450 g Rinderhackfleisch mit 20 % Fett
½ Zwiebel, gerieben
½ TL Piment
eine kleine Handvoll fein gehackte Petersilie
½ TL libanesisches Sieben-Gewürz oder Baharat
1½ TL Aleppo-Pfeffer-Flocken
25 g geröstete Pinienkerne
2 Knoblauchzehen, zerdrückt

Zum Servieren
300 g Hummus
Fladenbrot

1. Zwiebelstreifen, Zitronensaft und eine großzügige Prise Salz in eine Schüssel geben, gut verrühren und etwa 15 Minuten ziehen lassen.

2. In der Zwischenzeit den Ofen auf Grillstufe einstellen oder den Grill anheizen. Alle Zutaten für die Kebabs in eine große Schüssel geben, mit einer großzügigen Prise Salz würzen und gut vermischen. Die Mischung auf flachen Fleischspießen (diese sorgen dafür, dass das Fleisch nicht verrutscht, wenn man den Spieß dreht) festdrücken, sodass gleichmäßig geformte Rollen entstehen. Die angegebenen Zutatenmengen reichen für etwa acht Spieße. Die Spieße von jeder Seite 3–4 Minuten grillen, bis das Fleisch außen goldbraun und knusprig und innen wunderbar saftig ist.

3. Sumach und Petersilie zu den marinierten Zwiebeln geben und alles gut verrühren.

4. Zum Servieren den Hummus mit dem Löffelrücken auf einer großen Servierplatte verteilen, die Kebabs daraufgeben und die marinierten Zwiebeln darüber verteilen. Dazu passt Fladenbrot.

EINFACHE LAMMSPIESSE

Sonntags mit der Familie zu grillen, ist in vielen Dörfern ein absolutes Highlight – und die perfekte Gelegenheit, um Zeit miteinander zu verbringen und gutes Essen zu genießen. Ich hatte das Glück, von Hodder und Charbel Naharoor zu einem Sonntagsessen auf ihren wunderbaren Hof in den Bergen eingeladen zu werden, von dem aus man einen tollen Blick auf das Wadi Quadischa und das Antoniuskloster Quzhaya hat. Es war einfach wunderbar: Drei Generationen saßen zusammen am Tisch und ließen sich Salate, frisch gebackenes Brot, Hummus, cremigen Labneh, Taboulé und saftige Lammspieße schmecken. Es wurde geplaudert, der Whisky floß in Strömen und zu meinem Vergnügen lief im Hintergrund die ganze Zeit *Pitch Perfect* 2. Ich komme aus einer großen Familie, die ich immer sehr vermisse, wenn ich auf Reisen bin, daher war es wirklich schön, die Gesellschaft von so vielen freundlichen Menschen zu genießen. Gutes Essen und Familie – eine unschlagbare Kombination!

Für 4 Personen

2 EL Olivenöl
1 TL getrockneter Oregano
½ TL Piment
600 g Lammkeule, in etwa 2,5 cm große Würfel geschnitten
Zitronenspalten, zum Servieren
Meersalz

1. Olivenöl, Oregano, Piment und eine großzügige Prise Salz in eine große Schüssel geben und gut vermischen. Das Fleisch dazugeben, gut umrühren, bis es rundherum mit der Marinade bedeckt ist und dann für mindestens 1 Stunde oder noch besser über Nacht im Kühlschrank marinieren lassen.

2. In der Zwischenzeit den Ofen auf Grillstufe einstellen oder den Grill anheizen. Das marinierte Fleisch auf Spieße stecken – falls Sie Holzspieße verwenden, diese mindestens 10 Minuten in kaltem Wasser einlegen, damit sie beim Grillen nicht verbrennen. Die Spieße von zwei Seiten jeweils 2–3 Minuten grillen, bis das Fleisch innen wunderbar weich und außen herrlich knusprig ist. Die fertigen Spieße mit Zitronenspalten servieren.

KÖFTE MIT SAUERKIRSCHSAUCE AUS ALEPPO

[KABAB B'IL KARAZ]

Dieses Gericht ist *die* Spezialität Aleppos. Sie syrische Stadt, die direkt an der seit Jahrhunderten von Händlern bereisten Seidenstraße liegt, zeichnet sich durch eine einzigartige Küche reich an Gewürzen aus – und eine Besonderheit ist, dass auch herzhafte Gerichte mit Früchten verfeinert werden. Sauerkirschen sind hierzulande nicht ganz so einfach zu finden, aber es ist es auf jeden Fall wert, sich auf die Suche zu machen – am besten fragt man in arabischen Lebensmittelgeschäften nach und bestellt welche vor, sobald sie lieferbar sind. Ihr säuerliches Aroma ist einfach unverwechselbar, und wenn sie mit etwas Zucker und reichlich Gewürzen gekocht werden, entfalten sie einen unglaublich komplexen Geschmack. Meine Freundin Jonny hat mir diese Version in dem wunderschönen kleinen Dorf Ammiq in der Bekaa-Ebene beigebracht – nur einen Steinwurf von der syrischen Grenze entfernt.

Für 4 Personen

Für die Sauerkirschsauce
350 g entkernte Sauerkirschen
5 TL Zucker
eine Prise gemahlener Zimt
2 TL Granatapfelsirup
Meersalz

Für die Köfte
600 g Lammhackfleisch mit 20 % Fett
¾ TL Piment
¼ TL gemahlener Zimt
3 EL Olivenöl
Meersalz und frisch gemahlener schwarzer Pfeffer

Zum Garnieren
25 g geröstete Cashewkerne
eine kleine Handvoll Korianderblätter

1. Alle Zutaten für die Sauerkirschsauce in einen kleinen Topf geben und mit einer Prise Salz würzen. Die Mischung bei mittlerer Temperatur unter gelegentlichem Umrühren einmal aufkochen und dann weitere 30–35 Minuten köcheln lassen, bis die Kirschen zu zerfallen beginnen – die Sauce darf ruhig noch etwas Textur haben. Dabei nach Bedarf die Temperatur noch etwas reduzieren, damit die Sauce nicht zu schnell eindickt. Die Sauce vom Herd nehmen und beiseitestellen. Sollte sie zu fest werden, während Sie den Rest zubereiten, vor dem Servieren einfach etwas Wasser unterrühren.

2. In der Zwischenzeit Lammhackfleisch, Piment, Zimt und eine großzügige Prise Salz und Pfeffer in eine Schüssel geben, alles gut vermischen und aus der Mischung etwa 20 walnussgroße Kugeln formen.

3. Das Olivenöl in eine große beschichtete Pfanne geben und bei mittlerer Temperatur erhitzen. Die Köfte hineingeben und von einer Seite 4–5 Minuten anbraten, bis sie goldbraun sind. Die Temperatur reduzieren, die Köfte wenden und dann weitere 10–12 Minuten anbraten, dabei die Pfanne immer wieder leicht schwenken, bis sie rundherum goldbraun sind.

4. Überschüssiges Öl aus der Pfanne gießen, dann die Sauerkirschsauce in die Pfanne geben, einmal aufkochen lassen, dabei die Pfanne schwenken, bis die Köfte rundherum mit Sauce bedeckt sind, und schließlich mit Salz und Pfeffer abschmecken. Die Köfte auf eine vorgewärmte Platte geben, mit Cashewkernen und Koriander bestreuen und sofort servieren.

KIBBEH MIT ZWIEBELN

[KIBBEH BASA]

Kibbeh sind zweifellos das Nationalgericht des Libanon. Es gibt sie in verschiedensten Varianten, die klassische Version besteht aber immer aus Lammhackfleisch und Bulgur. Um die Essenz dieses wunderbaren Gerichts zu verstehen, brauchte ich Anleitung, also besuchte ich die Königin der libanesischen *kibbeh*, Georgina Bayeh. Sie lebt in dem hübschen kleinen Dorf Zgharta in der Nähe von Tripoli im Norden des Libanon und hat mir verschiedene *kibbeh*-Varianten gezeigt, beginnend mit dieser unglaublichen Version mit Zwiebeln. Es ist schwer, das Gericht genauso gut hinzubekommen, da das Lammfleisch, das sie verwendete, ganz frisch war und sie es selbst fein hackte. Aber mit meinem Rezept kommt man dem Original schon ziemlich nahe! Dazu serviere ich am liebsten Joghurt, Zitronenspalten und einen knackigen Salat.

Für 4 Personen

70 g extrafeiner Bulgur
4 EL Olivenöl
2 Zwiebeln, in feine Streifen geschnitten
1½ TL Piment
15 g geröstete Pinienkerne
260 g Lammhackfleisch mit 5 % Fett
Meersalz

Zum Servieren

eine kleine Handvoll fein gehackte Minzeblätter
200 g griechischer Joghurt
Zitronenspalten

1. Den Bulgur in eine Schüssel geben, mit kaltem Wasser übergießen, gut umrühren und abgießen. Den Vorgang noch einige Male wiederholen, um die Stärke auszuwaschen. Den Bulgur in eine Sieb geben, abtropfen lassen und überschüssige Flüssigkeit mit den Händen ausdrücken.

2. 3 EL Olivenöl in eine Pfanne geben und bei mittlerer Temperatur erhitzen. Die Zwiebeln dazugeben und unter gelegentlichem Umrühren 8–10 Minuten anschwitzen, bis sie weich sind. ½ TL Piment und eine großzügige Prise Salz dazugeben und alles gut verrühren. Die Zwiebeln anschließend in eine runde Kuchenform (23 cm Durchmesser) geben, gut verteilen und die Pinienkerne darüberstreuen.

3. Den Backofen auf 200 °C (180 °C Umluft / Gas Stufe 6) vorheizen. Lammhackfleisch, eine großzügige Prise Salz und den restlichen Piment in den Mixer geben und einige Minuten mixen. Bulgur und 55 ml Wasser dazugeben und weitermixen, bis eine leicht klebrige, kompakte Mischung entsteht.

4. Die Hände mit Wasser befeuchten, etwas von der Fleischmischung nehmen, zwischen den Händen etwa 5 mm dünn flach drücken und dann auf die Zwiebeln geben. Den Vorgang wiederholen, bis die Zwiebeln komplett bedeckt sind, dann die Hände nochmals befeuchten und das Fleisch flach drücken und glatt streichen. Mit einem stumpfen Messer an den Seiten der Form entlangfahren, damit das Fleisch sich nicht anlegt.

5. Die Fleischschicht diagonal kreuzweise einritzen, mit dem restlichen Olivenöl bepinseln und die *kibbeh* dann 20–25 Minuten im Ofen garen, bis das Fleisch goldbraun ist. Herausnehmen und abkühlen lassen. Die *kibbeh* zu Rauten schneiden und auf eine Servierplatte stürzen. Mit Minzeblättern bestreuen und mit Joghurt und Zitronenspalten servieren.

DER KÖNIG DES KEBABS: HÄHNCHEN-SCHAWARMA

Wenn ich nach Beirut reise, habe ich eine festgeschriebene Routine: Ich bringe mein Gepäck in mein Mietapartement in Mar Mikhaël – ich wohne fast immer in dieser Gegend, es ist einfach toll dort! – und spaziere dann zu Makhlouf, einem winzigen Kebab-Laden im armenischen Viertel Bourj Hammoud, wo es das beste Hähnchen-Schawarma der Welt gibt. Das perfekt gewürzte, wunderbar saftige Fleisch, das sich im vorderen Teil des Ladens auf einem riesigen Spieß langsam dreht, wird mit reichlich Knoblauchsauce, Chili, knackigem Salat und eingelegtem Gemüse in herrlich knusprige Fladenbrote eingerollt. Aber das Beste sind die selbst gemachten Pommes – Pommes im Fladenbrot hört sich ungewöhnlich an, ist aber unglaublich lecker. Die Pommes werden auf einem Blech unter dem Hähnchenspieß warmgehalten, wodurch die ganzen tollen Fleischsäfte darauftropfen und kein bisschen Geschmack verloren geht. Zu Hause kann man das nachmachen, indem man die Kartoffeln in einem Blech unter dem Hähnchenfleisch gart. Wenn Sie keine libanesische Knoblauchsauce bekommen, vermischen Sie einfach etwas Mayonnaise mit zerstoßenem Knoblauch.

Für 4 Personen

Für die Marinade
1 TL gemahlener Kreuzkümmel
½ TL gemahlener Koriander
½ TL libanesisches Sieben-Gewürz oder Baharat
½ TL Paprikapulver
¼ TL Kurkuma
1½ TL Apfelessig
1 EL Olivenöl
4 Knoblauchzehen, zerdrückt
55 g griechischer Joghurt
Meersalz und frisch gemahlener schwarzer Pfeffer

Für das Schawarma
500 g Hähnchenkeulenfilets ohne Haut und Knochen
300 g Kartoffeln, geschält und in dicke Stifte geschnitten
1 EL Olivenöl
Saft von ½ Zitrone
Meersalz

Zum Servieren
libanesische Knoblauchsauce
4 große Fladenbrote
2 Römersalatherzen, in feine Streifen geschnitten
2 große Handvoll Petersilie
Essiggurken und eingelegte Steckrüben, in Scheiben geschnitten
Chilisauce

1. Alle Zutaten für die Marinade in eine große Schüssel geben und gut verrühren. Das Hähnchenfleisch dazugeben, alles gut vermischen und dann abgedeckt über Nacht marinieren lassen.

2. Am nächsten Tag den Backofen auf 220 °C (200 °C Umluft / Gas Stufe 7) vorheizen. Die Kartoffelstifte in eine Schüssel mit kaltem Wasser geben und 5 Minuten einweichen. Das Wasser abgießen, die Kartoffelstifte mit Küchenpapier trockentupfen und dann auf ein Backblech geben. Mit Olivenöl beträufeln, mit reichlich Salz würzen, alles gut vermischen und dann etwa 12 Minuten im Ofen rösten, bis die Kartoffeln beginnen, weich zu werden.

3. Das Hähnchenfleisch aus dem Kühlschrank nehmen und auf einen Grillrost geben. Die Kartoffeln aus dem Ofen nehmen und wenden, dann das Blech mit den Kartoffeln in das untere und den Grillrost mit dem Hähnchenfleisch in das obere Drittel des Ofens geben. Hähnchen und Kartoffeln 18–20 Minuten im Ofen garen, bis beides goldbraun und knusprig ist. Herausnehmen, das Hähnchenfleisch in feine Streifen schneiden, den Zitronensaft darübergeben und alles gut vermischen.

4. Zum Servieren die Fladenbrote mit reichlich Knoblauchsauce bestreichen, Salat, Petersilie, Essiggurken, eingelegte Steckrüben, Hähnchenfleischstreifen und die selbst gemachten Pommes darauf verteilen, mit Chilisauce beträufeln, zusammenrollen und sofort servieren.

FADIAS HÄHNCHEN-FATTEH

Hähnchen-*fatteh* ist ein üppiges Gericht, das traditionell während des Ramadans zum Fastenbrechen zubereitet wird. Dieses Rezept stammt von meiner Freundin Fadia, einer wunderbaren Frau, die in einem unglaublichen, stylishen Apartement in der wunderschönen Küstenstadt Jounieh wohnt. Mit ihrer Designerbrille auf dem Kopf kochte sie dieses unglaubliche Gericht für mich. Der Reis, das saftige Hähnchenfleisch und die cremige Tarator-Sauce, die das Gericht perfekt abrundet, sind einfach eine unschlagbare Kombination.

Für 6 Personen als Hauptgang mit verschiedenen Salaten als Beilage

1 Hähnchen aus Freilandhaltung (etwa 1,5 kg)
1 Zimtstange (etwa 10 cm)
4 Lorbeerblätter
4 Zwiebeln, 2 halbiert und 2 fein gehackt
3 EL Olivenöl
4 Knoblauchzehen, in dünne Scheiben geschnitten
ein großer Bund Koriander, fein gehackt (Blätter und Stiele)
2 TL libanesisches Sieben-Gewürz oder Baharat, plus etwas mehr zum Garnieren
300 g Basmati-Reis
400 g Kichererbsen aus der Dose, abgespült und abgetropft
Saft von ½ Zitrone
Meersalz

Für die Tarator-Sauce
220 g griechischer Joghurt
200 g Tahin
Saft von ½ Zitrone

Zum Garnieren
35 g geröstete Mandelblättchen
40 g Granatapfelkerne

1. Das Hähnchen in einen Schmortopf geben und mit 2–2,5 l Wasser aufgießen, bis es ganz bedeckt ist. Zimt, Lorbeerblätter und die halbierten Zwiebeln dazugeben, bei hoher Temperatur einmal aufkochen lassen, dann die Temperatur reduzieren und abgedeckt 1½–2 Stunden köcheln lassen, bis das Hähnchen gar ist. Das Hähnchen herausnehmen und auf einem Teller abkühlen lassen. Dann die Haut entfernen, das Fleisch von den Knochen lösen und in Stücke reißen. Die Hähnchenbrühe durch ein Sieb gießen und beiseitestellen.

2. Das Olivenöl in einen Topf geben und bei mittlerer Temperatur erhitzen. Die gehackten Zwiebeln dazugeben und unter gelegentlichem Umrühren 10–12 Minuten anbraten, bis sie goldbraun sind. Den Knoblauch dazugeben und weitere 10 Sekunden unter Rühren anbraten. Den Koriander bis auf eine Handvoll und das Sieben-Gewürz dazugeben und gut unterrühren. Dann den Reis sowie 600 ml Hähnchenbrühe dazugeben, einmal umrühren, zum Kochen bringen, dann die Temperatur reduzieren und abgedeckt 10–12 Minuten köcheln lassen, bis der Reis die ganze Flüssigkeit aufgenommen hat. Vom Herd nehmen, die Kichererbsen dazugeben und dann abgedeckt 4–5 Minuten ziehen lassen, bis die Kichererbsen warm sind. Eine großzügige Prise Salz sowie den Zitronensaft dazugeben und alles mit einer Gabel verrühren.

3. Für die Sauce Joghurt, Tahin, 50 ml Wasser und Zitronensaft in einen kleinen Topf geben, gut verrühren und bei geringer Temperatur unter gelegentlichem Umrühren 4–5 Minuten erwärmen. Wenn die Sauce zu dick wird, einfach etwas Wasser dazugeben und gut unterrühren.

4. Zum Servieren den Reis auf eine Servierplatte geben, das Hähnchenfleisch darüber verteilen, mit Tarator-Sauce beträufeln und mit Mandelblättchen, Granatapfelkernen und dem restlichen Koriander bestreuen. Zum Schluss noch eine Prise libanesisches Sieben-Gewürz darübergeben und die restliche Sauce in einer Schüssel separat dazu reichen.

GEBRATENES HÄHNCHEN MIT SUMACH UND SIEBEN-GEWÜRZ

Jeder in meiner Familie liebt Hähnchen, und vor allem als Kinder konnten wir gar nicht genug davon bekommen – es grenzt an ein Wunder, dass wir nicht selbst gackerten! Meine Mutter bereitete Hähnchen auf verschiedene Arten zu: gebraten, gegrillt und als Eintopf mit Curry. Je nachdem zauberte sie so aus einem Hähnchen ein normales Mittagessen, ein Festessen am Wochenende oder ein herrliches Sandwich für Zwischendurch. Im Laufe der Jahre habe ich auf der ganzen Welt Hähnchen gegessen – und dieses Rezept aus der Bekaa-Ebene ist einfach phänomenal. Durch die Marinade wird das Fleisch wunderbar zart und bekommt ein herrlich intensives Aroma, und man kann die Hähnchenkeulen im Ofen braten oder grillen – das Fleisch wird einfach immer perfekt. Serviert man dazu klassischen *fattoush* (siehe Seite 21) und herrlich knusprige gebackene Kartoffelspalten mit Koriander, Knoblauch und Chili (siehe Seite 25), erhält man ein stimmiges Festmahl!

Für 4 Personen

Für die Marinade
5 Knoblauchzehen, geschält
2 EL Olivenöl
2 TL libanesisches Sieben-Gewürz oder Baharat
2 TL getrockneter Oregano
1 TL Paprikapulver
1 TL Sumach
½ TL gemahlener Zimt
2 Kardamomkapseln, zerdrückt
Saft von 1 Zitrone
Meersalz

Für das Hähnchen
1 kg Hähnchenkeulen mit Haut
2 EL Olivenöl
¼ TL Paprikapulver
Saft von ½ Zitrone
2 TL Za'atar
Meersalz

1. Für die Marinade den Knoblauch mit etwas Salz im Mörser zu einer Paste zerstoßen, dann mit Olivenöl, Sieben-Gewürz, Oregano, Paprikapulver, Sumach, Zimt, Kardamom und Zitronensaft in eine große Schüssel geben und gut verrühren. Die Hähnchenkeulen dazugeben und alles gut vermischen, sodass die Keulen rundherum mit Marinade bedeckt sind. Das Fleisch abgedeckt im Kühlschrank für mindestens 3 Stunden oder noch besser über Nacht marinieren lassen.

2. Den Backofen auf 220 °C (200 °C Umluft / Gas Stufe 7) vorheizen. Die Hähnchenkeulen in eine Bratform geben mit Olivenöl bepinseln, mit Paprikapulver bestreuen und anschließend 40–45 Minuten im Ofen braten, dabei nach der Hälfte der Bratzeit einmal wenden, bis sie innen herrlich saftig und gar und außen goldbraun und knusprig sind. Die Hähnchenkeulen auf eine große Platte geben, mit Zitronensaft beträufeln, Za'atar und eine großzügige Prise Salz darüberstreuen und sofort servieren.

DER ULTIMATIVE SHISH TAOUK

Das Gericht *shish* ist osmanischen Ursprungs, und der Name geht auf das türkische Wort für Spieß, *şiş*, zurück. Traditionell wird das Fleisch auf lange, flache Metallspieße gesteckt und dann direkt über der heißen Kohle gegrillt. Da die Spieße flach und nicht rund sind, dreht sich das Fleisch nicht, wenn man die Spieße wendet, und wird so rundherum goldbraun und knusprig. Hähnchen-Kebab wie dieses mit viel Knoblauch werden im ganzen Libanon, eigentlich im ganzen Nahen Osten, zubereitet. Durch die Marinade aus Joghurt und Zitronensaft wird das Fleisch innen herrlich saftig und außen wunderbar knusprig. Und unterschiedlichste Gewürze – die man auf unendlich viele Arten kombinieren kann – sorgen für unglaubliche Aromen. Im Libanon wird *shish taouk* traditionell mit Fladenbrot, reichlich Chilisauce, knackigem Salat und eingelegtem Gemüse serviert.

Für 4 Personen

Für die Marinade
4 Knoblauchzehen
80 g griechischer Joghurt
1 TL gemahlener Kreuzkümmel
½ TL gemahlener Koriander
½ TL libanesisches Sieben-Gewürz oder Baharat
Meersalz

600 g Hähnchenkeulenfilets ohne Haut und Knochen, in etwa 5 cm große Stücke geschnitten
1 rote Zwiebel, in feine Streifen geschnitten
Saft von 1 Zitrone
½ TL Sumach
Meersalz

Zum Servieren
200 g Labneh (siehe Seite 24)
4 große Fladenbrote
ein Bund Petersilie
Chilisauce

1. Für die Marinade den Knoblauch mit etwas Salz im Mörser zu einer Paste zerstoßen, dann mit Joghurt, Kreuzkümmel, Koriander und Sieben-Gewürz in eine große Schüssel geben und gut verrühren. Die Hähnchenfleischstücke dazugeben, alles gut vermischen, bis die Fleischstücke rundherum mit Marinade bedeckt sind, und dann über Nacht abgedeckt im Kühlschrank marinieren lassen.

2. Den Ofen auf Grillstufe einstellen oder den Grill anheizen. Die Hähnchenstücke auf vier Spieße stecken – falls Sie Holzspieße verwenden, diese mindestens 10 Minuten in kaltem Wasser einlegen, damit sie beim Grillen nicht verbrennen – und anschließend von jeder Seite 4–5 Minuten grillen, bis das Fleisch innen zart und außen wunderbar goldbraun und knusprig ist.

3. In der Zwischenzeit Zwiebeln, Zitronensaft, Sumach und eine großzügige Prise Salz in eine Schüssel geben, gut vermischen und mindestens 15 Minuten ziehen lassen.

4. Zum Servieren den Labneh auf den Fladenbroten verstreichen und mit Petersilie bestreuen. Das Fleisch von den Spießen in einer Linie direkt auf die Fladenbrote schieben, die Zwiebeln und reichlich Chilisauce darüber verteilen und die Brote zusammenrollen.

453

SAFRAN-HÄHNCHEN

Meine wunderbare Freundin Rita, die ich in dem kleinen Dörfchen Bteddine in der Nähe von Jezzine südlich von Beirut besuchte, um etwas über die lokale Küche in der Bergregion zu lernen, hat mir zahlreiche klassische Rezepte beigebracht. Unter anderem bereitete sie dieses festliche Gericht zu, das in ihrer Familie normalerweise zu Weihnachten gegessen wird: *dik saghir* (dt. Hahn) – ein himmlisches mit Lammfleisch, Reis und verschiedensten Gewürzen gefülltes Hähnchen.

Für 4–6 Personen

4 EL Olivenöl
200 g Lammhackfleisch mit 20 % Fett
30 g Pinienkerne
200 g Basmati-Reis
¾ TL Piment
¼ TL gemahlener Zimt
1050 ml Hähnchenbrühe
1 Hähnchen aus Freilandhaltung (etwa 1,5 kg)
2 Zwiebeln, halbiert
1 Tomate, geviertelt
eine Knoblauchknolle, halbiert
1 Zimtstange (etwa 10 cm)
4 Lorbeerblätter
einige Safranfäden
20 g Butter
Meersalz

Zum Garnieren
35 g Cashewkerne
20 g Mandelblättchen
30 g Sultaninen
eine kleine Handvoll fein gehackte Petersilie

1. Die Hälfte des Olivenöls in eine große beschichtete Pfanne geben und bei hoher Temperatur erhitzen. Das Lammfleisch dazugeben und 4–5 Minuten anbraten, dann die Hälfte der Pinienkerne dazugeben und eine weitere Minute anbraten, bis sie goldbraun sind. Reis, Piment, Zimt und etwas Salz dazugeben, mit 300 ml Brühe aufgießen, alles gut verrühren, die Temperatur reduzieren und dann 8–10 Minuten köcheln lassen, bis der Reis die ganze Flüssigkeit aufgenommen, aber noch etwas Biss hat.

2. Den Backofen auf 200 °C (180 °C Umluft / Gas Stufe 6) vorheizen. Das Hähnchen mit der Hälfte der Lammfleisch-Reis-Mischung füllen und dann die Keulen zusammenbinden, damit die Füllung nicht herausfällt.

3. Das restliche Olivenöl in einen Schmortopf mit Deckel geben, der groß genug ist, dass das Hähnchen bequem darin Platz hat. Hähnchen, Zwiebeln, Tomate, Knoblauch, Zimt und Lorbeerblätter dazugeben, mit den restlichen 750 ml Brühe aufgießen, sodass das Hähnchen zur Hälfte bedeckt ist, und dann 1½ Stunden schmoren, bis das Hähnchen gar ist. Herausnehmen, mit Brühe übergießen, wieder in den Ofen geben und weitere 20–30 Minuten ohne Deckel braten, bis die Haut goldbraun ist. Das Hähnchen auf eine vorgewärmte Platte geben und mit Alufolie abgedeckt ruhen lassen. Die Brühe durch ein Sieb gießen und etwaiges Fett abschöpfen.

4. 120 ml Brühe zur restlichen Lammfleisch-Reis-Mischung geben, einmal aufkochen und dann abgedeckt bei geringer Temperatur 12–15 Minuten köcheln lassen, bis der Reis die ganze Flüssigkeit aufgenommen hat.

5. Die restliche Brühe in einen Topf geben und bei hoher Temperatur zum Kochen bringen. Den Safran unterrühren, die Hitze reduzieren und dann unter gelegentlichem Umrühren 18–20 Minuten auf zwei Drittel einkochen lassen. Vom Herd nehmen, die Butter unterrühren und die Sauce dann in eine Sauciere geben.

6. Zum Servieren die Lammfleisch-Reis-Mischung auf einer Servierplatte verteilen, das Hähnchen daraufsetzen, Cashewkerne, Mandelblättchen, Sultaninen und Petersilie sowie die restlichen Pinienkerne darüberstreuen und dann zusammen mit der Sauce sofort servieren.

GEBRATENER TINTENFISCH MIT TOMATEN UND OREGANO

Eines meiner Lieblingsrestaurants in Beirut ist das Baron, wo modernes libanesisches Essen in einem Essbereich im Industrial-Stil serviert wird – mit rustikalen Marmortischen und alte Holzstühlen. Hier gibt es nicht nur neue Kreationen, sondern auch beliebte klassische Gerichte. Ich esse dort oft am Tresen, um die Köche bei der Arbeit beobachten zu können. Dieses Rezept ist von ihrem köstlichen gegrillten Tintenfisch inspiriert, der mit Kirschtomaten serviert wird. Diese werden mit Olivenöl, Knoblauch und Chili erwärmt und explodieren so förmlich vor Geschmack – zusammen ergibt das ein wunderbar leichtes und modernes Sommergericht. Ich kaufe meist bereits gekochten Tintenfisch, man kann ihn aber natürlich auch selbst kochen.

Für 2 Personen als leichtes Mittagessen oder für 4 Personen als Vorspeise

4 EL Olivenöl
2 Knoblauchzehen, fein gehackt
½ rote Chilischote, fein gehackt
300 g rote und gelbe Babytomaten
Saft von 1 Zitrone
eine große Handvoll frische Oreganoblätter
4 kleine gekochte Tintenfischarme (etwa 450 g)
2 große Handvoll Petersilie
eine große Handvoll grob gehackte Minzeblätter
½ TL Sumach, zum Servieren
Meersalz

1. 3 EL Olivenöl in eine Pfanne geben und bei mittlerer Temperatur erhitzen. Knoblauch, Chilischote und Tomaten sowie eine großzügige Prise Salz dazugeben und unter gelegentlichem Umrühren 2–3 Minuten sanft dünsten, bis die Tomaten weich werden. Die Hälfte des Zitronensafts und den Großteil des Oregano dazugeben, gut umrühren und dann die Pfanne vom Herd nehmen. Die Tomaten abkühlen lassen und in der Zwischenzeit den Tintenfisch zubereiten.

2. Eine gusseiserne Pfanne bei hoher Temperatur erhitzen oder den Grill anheizen. Die Tintenfischarme gründlich waschen, trockentupfen und dann in eine große Schüssel geben. Das restliche Olivenöl darüberträufeln, mit Salz würzen und gut vermischen. Die Tintenfischarme in die heiße Pfanne oder auf den Grill geben und von jeder Seite etwa 2–3 Minuten grillen, bis sie knusprig und goldbraun sind.

3. Die Tomaten in eine Schüssel geben, Petersilie, Minze, den restlichen Zitronensaft und eine Prise Salz dazugeben, gut vermischen und dann auf zwei große Teller verteilen. Den gegrillten Tintenfisch daraufgeben, mit Sumach und den restlichen Oreganoblättern bestreuen und sofort servieren.

MAGUYS CHILI-MINZE-GARNELEN

Meine Freundin Maguy führt ein wunderbares kleines Fischrestaurant an einem malerischen Strand in Batroun zwischen Tripoli und Beirut. Die Location des Chez Maguy ist einfach einmalig: auf der einen Seite die alte phönizische Hafenmauer, auf der anderen das kristallklare türkisblaue Wasser, das sanft gegen die Felsen unterhalb der Terrasse plätschert. Und das Beste: Eine praktische kleine Leiter führt von der Terrasse direkt zum Meer – perfekt für einen spontanen Sprung ins kühle Nass. Maguy ist eine Naturgewalt am Grill: Sie grillt alles, was ihr in die Finger kommt, einschließlich dieser köstlichen Garnelen, die sie in einer auf dem Holzkohlengrill vorgewärmten Pfanne brutzelt, sodass die köstlichen Säfte nicht verschwendet werden.

Für 2 Personen als Hauptgang oder für 4 Personen als Teil eines Menüs

5 EL Olivenöl
4 Knoblauchzehen, fein gehackt
4 Frühlingszwiebeln, fein gehackt
½ rote Chilischote, fein gehackt
350 g rohe Riesengarnelen mit Kopf und Schwanz
eine Handvoll fein gehackte Minzeblätter
¼ TL Piment
Meersalz

1. Das Olivenöl in eine Pfanne geben und bei hoher Temperatur erhitzen. Knoblauch, Frühlingszwiebeln und Chili dazugeben und etwa 1 Minute unter Rühren anbraten, bis der Knoblauch wunderbar zu duften beginnt. Die Garnelen dazugeben, mit einer großzügigen Prise Salz würzen und dann von beiden Seiten etwa 1–1½ Minuten anbraten, bis sie zartrosa und gar sind, dabei die Pfanne immer wieder schwenken, damit die anderen Zutaten nicht anbrennen.

2. Minze und Piment dazugeben und gut umrühren. Die Garnelen mit der Garflüssigkeit auf eine große Servierplatte geben und sofort servieren.

SONNENUNTERGANGS-JAKOBSMUSCHELN

Ein Besuch bei meiner Freundin Maguy in Batroun ist immer ein Erlebnis. In einem Moment fahren wir mit halsbrecherischer Geschwindigkeit in einem »Karma Cab« durch die Stadt, während aus den Lautsprechern libanesische Popmusik dröhnt, im nächsten prosten wir uns mit Raki zu und machen uns mit Blick aufs Meer über eine riesige Platte Meeresfrüchte her. Eine ihrer Spezialitäten sind in der Schale gegrillte Jakobsmuscheln mit Sumach, Knoblauch und Minze – die köstliche Garflüssigkeit kann man so direkt aus der Schale wunderbar mit Weißbrot auftunken!

Für 4 Personen als Vorspeise

120 g weiche Butter
4 Knoblauchzehen, zerdrückt
2 Handvoll fein gehackte Minzeblätter, plus etwas mehr zum Garnieren
3 TL Sumach, plus etwas mehr zum Garnieren
½ TL Aleppo-Pfeffer-Flocken
12 große Jakobsmuscheln in der Schale
Saft von ½ Zitrone
Meersalz

1. Butter, Knoblauch, Minze, Sumach, Aleppo-Pfeffer-Flocken und eine großzügige Prise Salz in eine große Schüssel geben und gut verrühren.

2. Den Grill auf höchster Stufe anheizen. Die Muscheln aus den Schalen nehmen, die Buttermischung auf die Schalen verteilen und diese dann auf den Grill geben. Sobald die Butter geschmolzen ist, die Muscheln in die Schalen geben und von jeder Seite 1–2 Minuten grillen, bis sie gar sind. Vorsicht: Die Schalen werden richtig heiß, am besten verwendet man eine Grillzange, um sie vom Grill zu nehmen.

3. Die gegrillten Jakobsmuscheln mit etwas Zitronensaft beträufeln, mit Sumach und Minzeblättern bestreuen und sofort servieren.

WOLFSBARSCH MIT PIKANTER TAHIN-SAUCE

[SAMKE HARRA]

Bei dem ursprünglich tripolitanischen Gericht *samke harra*, zu Deutsch »pikanter Fisch«, wird Wolfsbarsch im Ofen gegart und mit einer reichhaltigen Tahin-Sauce mit Knoblauch, Chili und Koriander serviert – das ist klassisches Gute-Laune-Essen, wenn man nach einem langen Tag in der Arbeit nach Hause kommt. Landauf, landab gibt es unterschiedlichste Varianten, denn jede Familie hat ihr eigenes Rezept. In der wunderschönen Altstadt von El Mina in Tripoli gibt es eine Streetfood-Variante, die in Abou Fadis kleinem Restaurant mit Straßenverkauf Malak El Samke Harra, was so viel heißt wie »Der König des pikanten Fischs«, nach einem uralten Rezept zubereitet wird. Ich serviere am liebsten einen ganzen Wolfsbarsch auf einer großen Platte, man kann ihn aber natürlich auch zuerst zerlegen und dann auf einzelnen Tellern mit der Sauce servieren.

Für 2 Personen als Hauptgang oder für 4 Personen als Teil eines Menüs

Für den Wolfsbarsch

4 Knoblauchzehen, geschält
eine große Handvoll fein gehackte Korianderblätter
1 TL gemahlener Koriander
½ TL gemahlener Kreuzkümmel
½ TL Aleppo-Pfeffer-Flocken
3 EL Olivenöl
Saft von ½ Zitrone
2 Wolfsbarsche (etwa 800 g), ausgenommen, gereinigt und geschuppt
Meersalz

Für die Sauce

120 g Tahin
Saft von 1½ Zitronen
2 EL Olivenöl
1 Zwiebel, in feine Streifen geschnitten
3 Knoblauchzehen, zerdrückt
½ TL gemahlener Kreuzkümmel
½ TL gemahlener Koriander
1 TL Aleppo-Pfeffer-Flocken
Meersalz

Zum Garnieren

eine kleine Handvoll Korianderblätter
15 g geröstete Mandelblättchen

1. Den Backofen auf 200 °C (180 °C Umluft / Gas Stufe 6) vorheizen. Den Knoblauch mit etwas Salz im Mörser zu einer Paste zerstoßen, dann die Korianderblätter dazugeben und ebenfalls zerkleinern, schließlich gemahlenen Koriander, Kreuzkümmel, Aleppo-Pfeffer-Flocken, Olivenöl, Zitronensaft und noch etwas mehr Salz dazugeben und alles gut verrühren. Die Haut der Wolfsbarsche von jeder Seite einige Male einschneiden, innen und außen mit der Marinade einreiben, in eine Bratform geben und 20–25 Minuten im Ofen braten, bis sie gar sind.

2. In der Zwischenzeit Tahin, Zitronensaft, 150 ml Wasser und eine großzügige Prise Salz zu einer glatten Sauce verrühren.

3. Das Olivenöl in eine Pfanne geben und bei mittlerer Temperatur erhitzen. Die Zwiebeln dazugeben und unter gelegentlichem Umrühren 8–10 Minuten anbraten, bis sie goldbraun sind. Knoblauch, Kreuzkümmel, gemahlenen Koriander und Aleppo-Pfeffer-Flocken dazugeben und alles gut vermischen. Die Tahin-Mischung dazugeben, gut unterrühren und unter gelegentlichem Umrühren 1–2 Minuten erwärmen. Die Pfanne vom Herd nehmen und die Sauce mit Salz abschmecken.

4. Die Wolfsbarsche auf eine vorgewärmte Servierplatte geben und die Bratflüssigkeit darüberträufeln.

5. Einige Esslöffel Wasser zur Sauce geben und unterrühren, bis sie schön samtig und glatt ist. Die Sauce über die Fische träufeln, Koriander und Mandelblättchen darüberstreuen und sofort servieren.

MAKRELEN-MÉCHOUI

Méchoui ist Arabisch und bedeutet so viel wie »gebraten« oder »gegrillt« – hier steht es für spektakuläre gegrillte Makrelen, zu denen mich mein Aufenthalt in der Bekaa-Ebene inspirierte. Die Ebene, in der unglaublicher Wein angebaut wird, erstreckt sich an der Grenze zu Syrien über den ganzen Osten des Libanon. Während eines Festes im Beit Ammiq, einem Restaurant, in dem nur Einheimische beschäftigt werden und ortsansässige Bauern ihre Produkte verkaufen können, bereitete ich mit einem der Köche einen ganzen mit Sumach gewürzten gegrillten Flussfisch zu. Wir saßen auf der Terrasse und ließen uns den Fisch schmecken – mit einem herrlichen Blick auf die Ebene, die sich vor uns erstreckte, und die schneebedeckten Gipfel der syrischen Berge. Dieser friedliche Ort und die Gastfreundschaft waren beeindruckend, und hätte man mich in diesem Moment gefragt, ich wäre nie auf die Idee gekommen, dass ich mich in einem der unsichersten Länder der Welt befinde. Allerdings glaube ich, dass es genau diese Unsicherheit ist, die im Libanon so viel Energie freisetzt: Aufgrund der Geschichte und der konfliktgeprägten Länder rundherum wissen die Menschen hier, wie wertvoll das Leben ist – und genießen es in vollen Zügen.

Für 4 Personen

Für die Marinade
4 Knoblauchzehen
ein Bund Koriander, fein gehackt (Blätter und Stiele)
2 TL Paprikapulver
Saft von 2 Zitronen
4 EL Olivenöl
½ rote Chilischote
25 g Tahin
30 g Walnusskerne
Meersalz

4 Makrelen (à etwa 280 g), ausgenommen, gereinigt und geschuppt

Für die Sauce
2 Knoblauchzehen, zerdrückt
Saft von 2½ Zitronen
2 TL Sumach
1 rote Zwiebel, fein gehackt
eine Handvoll fein gehackte Petersilie
Meersalz

1. Alle Zutaten für die Marinade zusammen mit 30 ml Wasser und einer großzügigen Prise Salz in einen Mixer geben und glatt pürieren. Die Marinade zusammen mit den Makrelen in eine Schüssel geben, diese mit der Marinade einreiben, bis sie rundherum bedeckt sind, und dann abgedeckt für etwa für 30 Minuten im Kühlschrank marinieren lassen.

2. In der Zwischenzeit für die Sauce Knoblauch, Zitronensaft, Sumach, Zwiebeln und eine großzügige Prise Salz vermischen und dann durchziehen lassen, damit sich die Aromen schön verbinden können.

3. Den Ofen auf Grillstufe einstellen oder den Grill anheizen. Die Makrelen von jeder Seite 5–6 Minuten grillen, bis sie gar und außen wunderbar knusprig sind, und dann auf eine große Servierplatte geben.

4. Die Petersilie zur Sauce geben und unterrühren. Etwas von der Sauce über die Makrelen träufeln, den Rest in eine Schüssel geben und separat dazu reichen.

DER ULTIMATIVE GEBACKENE BLUMENKOHL

An Blumenkohl habe ich fast nur negative Erinnerungen aus meiner Kindheit: Meist wurde er weichgekocht und war einfach nur matschig. Wie kommt es, dass er bei uns fast immer langweilig und fade schmeckte, während man ihn im Nahen Osten bäckt, wodurch er außen wunderbar goldbraun und der Geschmack regelrecht konzentriert wird? Zum Glück wissen wir heute, dass es eben auch so geht, und der bescheidene Blumenkohl erfreut sich neuer Beliebtheit. Im Libanon ist im Ofen gegarter Blumenkohl ein Klassiker auf jeder Festtafel, und während der Vorbereitungen für ein Fest in Ammiq in der Bekaa-Ebene kochte meine Freundin Salima eine aus ihrem Dorf stammende Variante dieses Gerichts. Dafür wird ein Gemüse aus grünen Paprika, Zwiebeln und Tahin zubereitet, darauf kommt der gebackene Blumenkohl, der schließlich mit Nüssen und frischen Kräutern garniert serviert wird – das ist die ultimative Zubereitungsart für Blumenkohl! Anders als die hierzulande erhältlichen grünen Paprika sind jene, die man im Libanon anbaut, etwas süßer, daher verwende ich zu Hause für dieses Gericht meist die milderen roten Paprika.

Für 4 Personen

1 Blumenkohl, in Röschen zerteilt, und kleine Blumenkohlblätter
4 EL Olivenöl, plus etwas mehr zum Beträufeln
1 rote Zwiebel, in feine Streifen geschnitten
1 rote Paprika, Kerne entfernt, in feine Streifen geschnitten
80 g Tahin
Saft von ½ Zitrone
Meersalz und frisch gemahlener schwarzer Pfeffer

Zum Garnieren
eine kleine Handvoll fein gehackte Korianderblätter
½ TL Sumach
½ TL Aleppo-Pfeffer-Flocken
15 g geröstete Pinienkerne

1. Den Backofen auf 220 °C (200 °C Umluft / Gas Stufe 7) vorheizen und die Blumenkohlröschen und -blätter auf ein Backblech geben. 2 EL Olivenöl darüberträufeln, mit Salz und Pfeffer würzen, alles gut vermischen und den Blumenkohl dann 30–35 Minuten im Ofen garen, bis er außen goldbraun und knusprig und innen wunderbar weich ist.

2. Das restliche Olivenöl in eine große Pfanne geben und bei mittlerer Temperatur erhitzen. Zwiebeln und Paprika dazugeben, mit Salz und Pfeffer würzen und unter gelegentlichem Umrühren 12–15 Minuten anbraten, bis die Zwiebeln und die Paprika goldbraun sind, dabei nach 6–8 Minuten etwas Wasser dazugeben, damit die Paprika weich werden. Die Pfanne vom Herd nehmen und beiseitestellen.

3. In der Zwischenzeit Tahin, Zitronensaft, 65 ml Wasser und eine großzügige Prise Salz glatt rühren und dann über die Zwiebeln und Paprika geben. Gut umrühren und mit Salz abschmecken. Das Gemüse bei mittlerer Temperatur nochmals einige Minuten erwärmen, bis es heiß ist. Falls die Sauce ausflockt, einfach noch etwas Wasser unterrühren, bis sie wieder schön glatt und geschmeidig ist.

4. Zum Servieren das Gemüse auf eine Servierplatte geben, Blumenkohlröschen und -blätter und dann Koriander, Sumach, Aleppo-Pfeffer-Flocken und Pinienkerne darüber verteilen, alles mit reichlich Olivenöl beträufeln und sofort servieren.

3334.T AL AMIR ESHAK

EINTÖPFE

BEIRUTER HACKBÄLLCHEN

[DAOUT BASHA]

Meine Freundin Rima Khodr ist eine der coolsten Frauen, die ich jemals getroffen habe: Sie ist so lebensfroh und voller Energie – und man, sie kann kochen! Eines Tages zeigte sie mir, wie man diese typischen Beiruter Hackbällchen zubereitet, die, wie sie mir erklärte, nach einem Osmanen namens Daout Basha benannt sind. Ich habe ihr Rezept leicht abgewandelt und Tomaten zur Sauce gegeben, sodass sie etwas reichhaltiger ist. Der für die libanesische Küche typische säuerliche Geschmack bleibt durch den Granatapfelsirup und den Zitronensaft erhalten.

Für 4 Personen

Für die Sauce
2 EL Olivenöl
1½ Zwiebeln, in feine Streifen geschnitten
4 Knoblauchzehen, fein gehackt
4 Tomaten, fein gehackt
2 EL Tomatenmark
½ TL Piment
½ TL gemahlener Zimt, plus etwas mehr zum Garnieren
1 EL Granatapfelsirup
400 ml Hähnchenbrühe
1¼ TL getrocknete Minze
½ TL Speisestärke
10 g Butter
Saft von ½ Zitrone

Für die Hackbällchen
500 g Rinderhackfleisch mit 15–20 % Fett
½ Zwiebel, gerieben
1 TL Piment
½ TL libanesisches Sieben-Gewürz oder Baharat
¼ TL gemahlener Zimt
eine Handvoll fein gehackte Petersilie
Meersalz

1. Das Olivenöl in eine große Pfanne geben und bei mittlerer Temperatur erhitzen. Die Zwiebeln dazugeben und unter gelegentlichem Umrühren 12–15 Minuten anbraten, bis sie goldbraun sind. Den Knoblauch dazugeben und gut unterrühren, dann Tomaten, Tomatenmark und eine großzügige Prise Salz dazugeben, gut verrühren und unter gelegentlichem Umrühren 3–4 Minuten köcheln lassen, bis die Tomaten zerfallen. Piment, Zimt, Granatapfelsirup, Hähnchenbrühe und 1 TL getrocknete Minze unterrühren, dann die Temperatur reduzieren und abgedeckt 10–12 Minuten köcheln lassen, bis die Sauce schön sämig wird.

2. In der Zwischenzeit alle Zutaten für die Hackbällchen bis auf etwas Petersilie zum Garnieren in eine Schüssel geben, mit einer großzügigen Prise Salz würzen und gut vermischen. Aus der Mischung 16 walnussgroße Bällchen formen.

3. Die Hackbällchen in die Sauce geben, die Pfanne schwenken, sodass sie bis zur Hälfte mit Sauce bedeckt sind, einmal aufkochen lassen, dann die Temperatur reduzieren und 10–12 Minuten köcheln lassen, bis die Hackbällchen gar sind, dabei diese nach der Hälfte der Kochzeit einmal wenden. Die Hackbällchen aus der Sauce nehmen und auf eine vorgewärmte Servierplatte geben.

4. Die Sauce bei hoher Temperatur einmal aufkochen und dann unter gelegentlichem Umrühren 6–8 Minuten köcheln lassen, bis sie etwas eindickt.

5. Speisestärke und Butter vermischen, zusammen mit dem Zitronensaft zur Sauce geben und 1–2 Minuten unter Rühren köcheln lassen. Die Sauce mit etwas Salz abschmecken und über die Hackbällchen gießen. Die restliche getrocknete Minze, eine Prise Zimt und die restliche Petersilie darüberstreuen und sofort servieren.

ماء ورد
ماء زهر
دبس رمان
فاخر

RINDFLEISCH-BOHNEN-EINTOPF MIT JOGHURT

[FESTQIYEH]

Der Frühling im Libanon ist einfach unglaublich: Überall auf den Wiesen und Feldern wachsen pastellfarbene Wildblumen und die Luft ist erfüllt vom aromatischen Duft von Za'atar, Oregano und Basilikum. An den Straßenrändern auf dem Land stehen unzählige kleine Stände, an denen frische Dicke Bohnen verkauft werden, die man hierzulande auch als Acker- oder Favabohnen kennt. Auf jedem Esstisch stehen zu dieser Zeit riesige Schüsseln gefüllt mit den herrlichen grünen Bohnen, die hungrige Gäste roh als Appetizer verspeisen können. Dieser einfache Eintopf ist eine Hommage an dieses großartige Gemüse: Die Bohnen werden in einer leichten Joghurtsauce gekocht – und das Rindfleisch sorgt für ein tolles Aroma. Für dieses Gericht eignen sich frische, aber auch Tiefkühlbohnen, somit ist es noch dazu ganz einfach und unkompliziert in der Zubereitung.

Für 4 Personen

2 Rinderbeinscheiben (à etwa 300 g)
2 Zwiebeln, 1 halbiert und 1 fein gehackt
150 g frische oder gefrorene enthülste Dicke Bohnen
2 EL Olivenöl
2 Knoblauchzehen, fein gehackt
ein kleiner Bund Koriander, fein gehackt (Blätter und Stiele), plus einige Korianderblätter zum Garnieren
Saft von ½ Zitrone
350 g griechischer Joghurt (vollfett)
Meersalz

1. Die Beinscheiben zusammen mit der halbierten Zwiebel in einen Schmortopf geben, mit 850 ml heißem Wasser übergießen und einmal aufkochen lassen. Die Temperatur reduzieren und die Beinscheiben abgedeckt 3–3½ Stunden sanft köcheln lassen, dabei etwaigen Schaum immer wieder abschöpfen, bis das Fleisch so weich ist, dass es unter der Gabel zerfällt. Die Beinscheiben herausnehmen und mit zwei Gabeln zerteilen, dabei etwaiges Fett entfernen. Für die Sauce 150 ml der Brühe in einen hitzebeständigen Messbecher geben und beiseitestellen.

2. In der Zwischenzeit die Bohnen in einen Topf mit kochendem Wasser weichkochen. Tiefkühlbohnen brauchen etwa 1, frische 2–3 Minuten. Die Bohnen in ein Sieb geben, unter fließendem kalten Wasser abschrecken und dann gut abtropfen lassen.

3. Das Olivenöl in eine große Pfanne geben und bei mittlerer Temperatur erhitzen. Die gehackten Zwiebeln dazugeben und unter gelegentlichem Umrühren 5–6 Minuten anschwitzen, bis sie weich sind. Knoblauch und Koriander dazugeben und etwa eine Minute anbraten, bis der Knoblauch herrlich zu duften beginnt.

4. Die 150 ml Brühe und den Zitronensaft dazugeben und gut unterrühren. Die Temperatur reduzieren, dann den Joghurt sowie eine großzügige Prise Salz dazugeben und alles gut verrühren (für die Sauce sollte man unbedingt Vollfettjoghurt verwenden, bei fettreduziertem kann es sein, dass die Sauce ausflockt!). Die gekochten Bohnen und schließlich das zerkleinerte Fleisch dazugeben, gut unterrühren und sofort servieren.

MOLOKHIA-HÄHNCHEN-SUPPE

Molokhia oder *mulukhiyah* (dt. Langkapselige Jute) wächst im Frühling und Sommer überall in den Bergen des Libanon. Die Blätter haben einen milden, frischen Geschmack, und sie werden meist verwendet, um diese leichte Hähnchensuppe zuzubereiten. Wie Okraschoten sind auch Molokhia-Blätter leicht klebrig, und man muss sie richtig verarbeiten, damit sie nicht zäh werden. Sie werden traditionell gewaschen, dann einige Stunden in der Sonne getrocknet, in feine Streifen geschnitten und in einer leichten Hähnchenbrühe gekocht. Dazu werden Reis, in Streifen geschnittenes Hähnchenfleisch und marinierte Zwiebeln gereicht, sodass jeder seine Suppe nach Belieben verfeinern kann. Molokhia-Blätter findet man kaum im Supermarkt und nur selten tiefgefroren in arabischen Lebensmittelgeschäften – daher verwende ich für dieses Rezept statt Molokhia-Blättern eine Mischung aus Mangold, Spinat und Frühkohl, die mindestens genauso lecker ist.

Für 6 Personen

1 Hähnchen aus Freilandhaltung (etwa 1,5 kg)
2 Zwiebeln, halbiert
1 Zimtstange (etwa 10 cm)
4 Lorbeerblätter
4 Kardamomkapseln
300 g Basmati-Reis
3 EL Olivenöl
6 Knoblauchzehen, fein gehackt
ein großer Bund Koriander, fein gehackt (Blätter und Stiele)
100 g Mangold, Stiele entfernt, Blätter in feine Streifen geschnitten
100 g Babyspinat
100 g Frühkohl, Stiele entfernt, Blätter in feine Streifen geschnitten
Saft von 2 Zitronen
1 rote Zwiebel, in feine Streifen geschnitten
Meersalz und frisch gemahlener schwarzer Pfeffer

1. Hähnchen, Zwiebeln, Zimt, Lorbeerblätter und Kardamom in einen großen Topf geben, mit 2,5 l Wasser aufgießen, sodass alles bedeckt ist, und bei hoher Temperatur einmal aufkochen lassen. Die Temperatur reduzieren und das Hähnchen abgedeckt 1½–2 Stunden köcheln lassen, bis es gar ist. Das Hähnchen herausnehmen und die Brühe abseihen. Das Hähnchen zerteilen, Haut und Knochen entfernen, das Fleisch in Streifen schneiden, auf einen vorgewärmten Teller geben und abgedeckt beiseitestellen.

2. Den Reis in einen Topf geben, mit 600 ml Brühe aufgießen und bei hoher Temperatur einmal aufkochen lassen. Die Temperatur reduzieren und den Reis abgedeckt 10–12 Minuten köcheln lassen, bis er die ganze Flüssigkeit aufgenommen hat. Den Reis vom Herd nehmen und 10 Minuten ziehen lassen, damit er schön luftig wird.

3. In der Zwischenzeit das Olivenöl in einen weiten Topf geben und bei mittlerer Temperatur erhitzen. Knoblauch und Koriander dazugeben und etwa 1 Minuten anbraten, dann Mangold, Spinat und Frühkohl dazugeben und unter Rühren 2–3 Minuten anbraten, bis das Blattgemüse zusammenfällt. Mit einer großzügigen Prise Salz und Pfeffer würzen.

4. 1,4 l Brühe dazugeben, bei hoher Temperatur einmal aufkochen lassen, dann die Temperatur reduzieren und etwa 10 Minuten sanft köcheln lassen, bis das Gemüse weich ist. Den Zitronensaft unterrühren und die Suppe mit Salz abschmecken.

5. In der Zwischenzeit Zwiebelstreifen, Zitronensaft und eine großzügige Prise Salz in eine Schüssel geben, gut verrühren und etwa 15 Minuten ziehen lassen.

6. Zum Servieren etwas Reis und Hähnchenfleisch in Schüsseln geben, die Suppe darübergießen und einige Zwiebelstreifen darauf verteilen.

IRAKISCHE ZITRONEN-KIBBEH

[KIBBEH BAR MOUNT]

Meine Freundin Fadia zeigte mir in ihrem wunderschönen Apartement voller Bougainvillea in Jounieh, wie man dieses mild gewürzte Gericht namens *kibbeh bar mount* zubereitet. Es geht auf ein altes Rezept aus dem Irak zurück, das mittlerweile an den libanesischen Geschmack angepasst wurde. Der Name heißt übersetzt so viel wie »*kibbeh* mit Zitrone«, aber anders als bei den klassischen *kibbeh* mit Bulgur und Lammhackfleisch handelt es sich hier um gefüllte Reisbällchen, die in einer Tomatensauce mit Mangold und Zitrone gegart werden – das ist einfach wunderbar, denn der Reis nimmt all diese intensiven Aromen auf und schmeckt so einfach traumhaft.

Für 4 Personen

100 g Basmati-Reis
500 g Lammhackfleisch mit 15–20 % Fett
¾ TL Piment
15 g Pinienkerne
eine kleine Handvoll fein gehackte Petersilie
2 EL Olivenöl
1 Zwiebel, fein gehackt
4 Tomaten, fein gehackt
2 EL Tomatenmark
Saft von 1 Zitrone
200 g Mangold, Stiele entfernt, Blätter fein gehackt
Zitronenspalten, zum Servieren
Meersalz

1. Den Reis in ein Sieb geben und unter fließendem Wasser waschen, bis das Wasser klar bleibt – so geht man sicher, dass die ganze Stärke ausgewaschen wird. Den Reis in einen Mixer geben und kurz mixen, um ihn etwas zu zerkleinern. 300 g Lammhackfleisch, ½ TL Piment und eine großzügige Prise Salz dazugeben und mixen, bis alles gut vermischt ist. Aus der Mischung 16 Kugeln formen.

2. Für die Füllung das restliche Lammhackfleisch, die Pinienkerne, die Petersilie und den restlichen Piment in eine Schüssel geben, mit einer großzügigen Prise Salz würzen und alles gut vermischen. Aus der Füllung 16 kleine Kugeln formen.

3. Die Hände befeuchten, damit die Mischung nicht klebenbleibt, und dann mit dem Daumen in jede Reiskugel eine Mulde drücken. In die Mulden je eine Kugel Füllung geben, die Reismischung darüber verschließen, zwischen den Handflächen vorsichtig zu einer gleichmäßigen Kugel rollen und dann leicht flach drücken.

4. Das Olivenöl in einen großen Topf geben und bei mittlerer Temperatur erhitzen. Die Zwiebeln dazugeben und unter gelegentlichem Umrühren 6–8 Minuten anbraten, bis sie goldbraun sind. Dann die Tomaten und eine großzügige Prise Salz dazugeben, gut verrühren und weitere 3–4 Minuten köcheln lassen, bis die Tomaten zerfallen. Tomatenmark, 200 ml heißes Wasser und Zitronensaft unterrühren, einmal aufkochen lassen und die Sauce dann unter gelegentlichem Umrühren 5–6 Minuten köcheln lassen, bis sie schön eindickt.

5. Die *kibbeh* in die Sauce geben, mit 150 ml heißem Wasser aufgießen und abgedeckt bei geringer Temperatur 10 Minuten köcheln lassen, dann die *kibbeh* wenden, den Mangold dazugeben und weitere 8–10 Minuten köcheln lassen, bis die *kibbeh* und der Mangold gar sind. Die fertigen *kibbeh* mit Zitronenspalten servieren.

LIBANESISCHE TORTELLINI

[SHISH BARAK]

Das ist ein weiteres traditionelles Gericht, das überall in der Levante in verschiedensten Varianten zubereitet wird. *Shish barak* sind kleine mit Fleisch gefüllte Teigtäschchen in einer tollen Joghurtsauce. Sie sehen wie kleine Hüte oder Ohren aus, daher auch der Name, der vermutlich auf das persische Wort *gosh e-barreh* – »Lammohr« – zurückgeht. Meine *shish barak* basieren auf einem Rezept aus dem Libanon-Gebirge: Man kann sie braten und dann in die Joghurtsauce geben, aber ich mag sie etwas weicher, daher koche ich sie und serviere sie mit einer tollen, etwas würzigeren Labneh-Sauce.

Für 4 Personen

Für die Tortellini

- 200 g Mehl, plus etwas mehr zum Verarbeiten
- 4 EL Olivenöl, plus etwas mehr für die Schüssel
- 1 Zwiebel, fein gehackt
- 250 g Lammhackfleisch mit 10 % Fett
- ½ TL Piment
- 1 TL getrocknete Minze
- Meersalz

Für die Sauce

- 400 g Labneh (siehe Seite 42)
- 1 Knoblauchzehe, zerdrückt
- Saft von ½ Zitrone
- 40 g Butter
- 1 TL Aleppo-Pfeffer-Flocken

Zum Garnieren

- 20 g geröstete Pinienkerne
- 1 TL Sumach
- eine kleine Handvoll fein gehackte Minzeblätter

1. Das Mehl und eine Prise Salz in eine große Schüssel geben und vermischen, dann 125 ml Wasser dazugeben und verrühren, bis ein grober Teig entsteht. Den Teig aus der Schüssel nehmen und auf einer bemehlten Arbeitsfläche 6–8 Minuten kneten, bis er geschmeidig ist. Den Teig in eine eingeölte Schüssel geben und abgedeckt 30 Minuten gehen lassen.

2. 2 EL Olivenöl in eine Pfanne geben und bei mittlerer Temperatur erhitzen. Zwiebeln und Lammhackfleisch dazugeben und unter gelegentlichem Umrühren 8–10 Minuten goldbraun anbraten. Piment, getrocknete Minze, eine Prise Salz und einige Esslöffel Wasser dazugeben und gut verrühren. Die Mischung in eine Schüssel geben und abkühlen lassen.

3. Aus dem Teig 32 Kugeln formen und dann zu Kreisen von etwa 8 cm Durchmesser ausrollen. Die Kanten mit etwas Wasser befeuchten, je 1 TL Füllung in die Mitte geben und die Kreise zusammenfalten, sodass kleine Halbmonde entsteht. Die Ecken jedes Halbmonds über einen Finger zusammenfalten und gut festdrücken. Die fertige Tortellini auf ein mit Backpapier ausgelegtes Backblech oder Brett geben.

4. Wasser in einen großen Topf geben, bei hoher Temperatur zum Kochen bringen und das restliche Olivenöl dazugeben. Die Tortellini auf mehrere Male 2–3 Minuten kochen, dann herausnehmen und gut abtropfen lassen.

5. Für die Sauce Labneh, Knoblauch, Zitronensaft, eine großzügige Prise Salz und 120–150 ml Wasser in einen Topf geben, gut verrühren und bei geringer Temperatur 4–5 Minuten erwärmen.

6. Die Butter in einem kleinen Topf bei mittlerer Temperatur erhitzen, Aleppo-Pfeffer-Flocken und etwas Salz dazugeben, gut umrühren, dann vom Herd nehmen und etwa 30 Sekunden ziehen lassen.

7. Die Labneh-Sauce auf vier Teller verteilen, jeweils acht Tortellini daraufgeben, die aromatisierte Butter darüberträufeln, mit Pinienkernen, Sumach und Minzeblättern bestreuen und sofort servieren.

PALMYRA-HOTEL-JOGHURTSUPPE

Baalbek ist eine staubige Stadt im bergigen Landesinneren des Libanon in der Bekaa-Ebene genau zwischen Beirut und Damaskus. Außerhalb der von den Alten Römern erbauten Stadt befinden sich spektakuläre Tempelanlagen, darunter das Jupiterheiligtum, der Venustempel und der besonders beeindruckende Bacchustempel. Den besten Blick auf den Bacchustempel hat man vom Dach des Palmyra Hotel aus, das an die Filme von Wes Anderson erinnert, da man hier allerlei seltsame Dinge findet. Geführt wird es von der wunderbaren Rima Husseini, einer glamourösen und unglaublich freundlichen Baalbekerin, die sehr viel über die Stadt weiß. Bei meinem letzten Besuch in ihrem Hotel kochte sie diese wunderbar wärmende winterliche Suppe mit *kishk* – getrocknetem, fermentiertem Joghurt – für mich. Diese Suppe ist typisch für die Region, verfeinert wird sie mit Lammfleisch aus der Bekaa-Ebene, von dem man sagt, es sei das beste im ganzen Land. Ich verwende statt *kishk* Labneh, so kann man diese Suppe ganz einfach nachkochen. Sie ist wunderbar herzhaft und erinnert mich immer an Rima – und den Blick auf die atemberaubenden Tempelanlagen.

Für 2 Personen

2 EL Olivenöl
200 g Kartoffeln, geschält und in etwa 5 mm große Würfel geschnitten
1 Zwiebel, fein gehackt
120 g Lammhackfleisch mit 20 % Fett
1 TL Piment
300 g Labneh (siehe Seite 24)
Meersalz

1. Das Olivenöl in einen Topf geben und bei mittlerer Temperatur erhitzen. Die Kartoffeln dazugeben und unter gelegentlichem Umrühren 8–10 Minuten anbraten, bis sie weich sind. Zwiebeln und Lammhackfleisch dazugeben, mit einer großzügigen Prise Salz würzen und unter gelegentlichem Umrühren weitere 6–8 Minuten anbraten, bis die Zwiebeln wunderbar goldbraun sind und das Fleisch gar ist. Den Piment dazugeben und gut unterrühren.

2. Den Labneh mit 200 ml kaltem Wasser verrühren, in den Topf zu den Kartoffeln und dem Hackfleisch geben und gut unterrühren. Die Temperatur reduzieren und unter gelegentlichem Umrühren 5–6 Minuten sanft köcheln lassen. Die Suppe schließlich mit Salz abschmecken, auf zwei Schüsseln verteilen und sofort servieren.

OKRA-YAKHNI WIE BEI MAMA

Nichts schmeckt so gut wie ein einfaches Mittagessen, wie es Mütter für ihre Kinder zubereiten, oder? Diese simplen Gerichten sind wie eine Umarmung, die selbst den schlimmsten Tag etwas erträglicher machen. Im Libanon wäre ein solches Gericht ganz eindeutig *yakhni*, ein reichhaltiger Eintopf aus Fleisch, Gemüse und Hülsenfrüchten mit einer tollen Tomatensauce, der mit Reis serviert wird. Jede libanesische Mutter hat ihr eigenes Rezept – und jedes libanesische Kind ist davon überzeugt, dass das *yakhni* der eigenen Mutter am besten schmeckt. Dieses Rezept für ein köstliches Okra-*yakhni*, das mir ein paar liebe Freunde aus Jezzine südlich von Beirut überlassen haben, macht im Handumdrehen gute Laune.

Für 4 Personen

6 EL Olivenöl
600 g Lammkeule, in etwa 2,5 cm große Würfel geschnitten
1 Zwiebel, fein gehackt
6 Knoblauchzehen, zerdrückt
eine große Handvoll Korianderblätter, Blätter und Stiele getrennt und fein gehackt
4 Tomaten, fein gehackt
2 EL Tomatenmark
2 EL Granatapfelsirup
¾ TL Piment
400 ml Lammfond
350 g Okraschoten, der Länge nach halbiert
30 g Walnusskerne
Libanesischer Butterreis, zum Servieren (siehe Seite 149)
Meersalz

1. 2 EL Olivenöl in einen großen Schmortopf geben und bei mittlerer Temperatur erhitzen. Das Lammfleisch dazugeben und unter gelegentlichem Umrühren 8–10 Minuten anbraten, bis es rundherum goldbraun ist. Die Zwiebeln dazugeben, gut unterrühren und 4–5 Minuten anschwitzen, bis sie weich sind. 5 Knoblauchzehen, die gehackten Korianderstiele und die Hälfte der gehackten Korianderblätter dazugeben, mit einer großzügigen Prise Salz würzen, alles gut verrühren und etwa 30 Sekunden anbraten, bis der Knoblauch herrlich zu duften beginnt.

2. Die Tomaten dazugeben und unter gelegentlichem Umrühren 5–6 Minuten erhitzen, bis sie zerfallen. Tomatenmark, 1 EL Granatapfelsirup, Piment und Lammfond dazugeben und gut umrühren. Jetzt sollte genug Flüssigkeit im Topf sein, dass das Fleisch ganz bedeckt ist. Einmal aufkochen lassen, dann die Temperatur reduzieren und etwa 1 Stunde köcheln lassen, bis das Fleisch zart ist.

3. In der Zwischenzeit 2 EL Olivenöl in eine große Pfanne geben und bei hoher Temperatur erhitzen. Die Okraschoten und eine großzügige Prise Salz dazugeben, die Schoten 1–2 Minuten von einer Seite Farbe annehmen lassen und dann 2–3 Minuten weiterbraten, dabei die Pfanne immer wieder schwenken, bis sie rundherum goldbraun sind. Sobald das Lammfleisch gar ist, die Okraschoten dazugeben. Die Temperatur wieder erhöhen und den Eintopf unter gelegentlichem Umrühren 6–8 Minuten köcheln lassen, bis die Flüssigkeit auf etwa die Hälfte reduziert ist. Den Eintopf vom Herd nehmen und 5 Minuten abgedeckt ziehen lassen.

4. In der Zwischenzeit die restliche Knoblauchzehe mit etwas Salz im Mörser zerstoßen, Walnüsse und die restlichen Korianderblätter dazugeben und ebenfalls zerkleinern, bis eine feine Paste entsteht. Das restliche Olivenöl, den restlichen Granatapfelsirup und 2 EL Wasser dazugeben und gut verrühren. Das *yakhni* mit der Walnuss-Koriander-Sauce und libanesischem Butterreis servieren.

FISCHEINTOPF MIT MEERESFRÜCHTEN

Das klassische Fischgericht des Libanon ist ganz eindeutig *samke harra* (siehe Seite 102), pikant gewürzter Fisch mit Tahin-Sauce. Es hat aber einen kleinen Cousin: einen köstlichen Eintopf mit Tomaten und Paprika und cremigem Tahin, das ganz am Ende untergerührt wird und den Eintopf wunderbar reichhaltig macht. Für diese rote Version des *samke harra* verwendet man traditionell einen ganzen Wolfsbarsch – ich bevorzuge es aber, Filetstücke vom Wolfsbarsch und verschiedene Meeresfrüchte zu verwenden: So entsteht ein frischer, aufregender und aromatischer Fischeintopf, der alles hat, was die libanesische Küche ausmacht.

Für 4 Personen

2 EL Olivenöl
1 Zwiebel, in feine Streifen geschnitten
1 große rote Paprika, fein gehackt
4 Knoblauchzehen, in dünne Scheiben geschnitten
½ rote Chilischote, fein gehackt
eine Handvoll fein gehackte Korianderblätter und -stiele, plus etwas mehr zum Garnieren
1 TL Piment
½ TL Aleppo-Pfeffer-Flocken
2 große Tomaten, fein gehackt
2 EL Tomatenmark
Saft von 1 Zitrone
2 Wolfsbarschfilets (à etwa 100 g), in etwa 5 cm lange Streifen geschnitten
300 g Miesmuscheln in der Schale, geputzt und gewaschen
4 rohe Riesengarnelen, gepult und entdarmt
300 g Tintenfischtuben, in etwa 2 cm dicke Ringe geschnitten
50 g Tahin
15 g geröstete Pinienkerne, zum Garnieren
Meersalz

1. Das Olivenöl in einen Topf geben und bei mittlerer Temperatur erhitzen. Zwiebeln und Paprika dazugeben und unter gelegentlichem Umrühren 12–15 Minuten anbraten, bis sie goldbraun sind, dabei nach 6–8 Minuten etwas Wasser dazugeben, damit die Paprika weich werden. Knoblauch, Chili und Koriander dazugeben und etwa 1 Minute unter Rühren anbraten, dann Piment, Aleppo-Pfeffer-Flocken und eine großzügige Prise Salz dazugeben und gut unterrühren. Tomaten und Tomatenmark dazugeben, alles gut verrühren und unter gelegentlichem Umrühren 12–14 Minuten köcheln lassen.

2. Den Zitronensaft sowie 50 ml heißes Wasser dazugeben und gut unterrühren. Wolfsbarschfiletstücke, Miesmuscheln, Garnelen und Tintenfischtuben dazugeben und 6–8 Minuten mitköcheln lassen, bis sich die Muscheln öffnen (Muscheln, die noch verschlossen sind, herausnehmen und wegwerfen), die Garnelen rosa und der Tintenfisch und der Wolfsbarsch gar sind. Den Topf dabei immer wieder schwenken, damit alles gleichmäßig gart. Schließlich 30 g Tahin dazugeben und gut unterrühren.

3. Den fertigen Eintopf in eine große Schüssel geben, mit Pinienkernen und Korianderblättern bestreuen, mit dem restlichen Tahin beträufeln und sofort servieren.

EIER IN JOGHURTSAUCE

[LABAN BIL BAYD]

Eier in einer cremigen Joghurtsauce zu garen, hört sich vielleicht seltsam an, ist aber im Nahen Osten eine weitverbreitete Zubereitungsmethode. Das herzhafte Gericht *laban bil bayd* stammt aus den mit Zedernwäldern bewachsenen Bergen des Libanon und wird vor allem im Frühling zubereitet, wenn der Joghurt besonders frisch schmeckt. Die Eier werden in mild säuerlichem Joghurt langsam gegart, etwas Knoblauch und getrocknete Minze sorgen für aufregende Aromen. Dieses Gericht wird zum Frühstück, aber auch als einfaches Mittagessen serviert – und was auf keinen Fall fehlen darf, ist reichlich Brot, um die köstliche Joghurtsauce aufzutunken!

Für 2 Personen

320 g griechischer Joghurt (vollfett)
1 Knoblauchzehe, zerdrückt
¾ TL getrocknete Minze
4 Eier
Meersalz

1. Joghurt, Knoblauch, Minze und eine großzügige Prise Salz in einen weiten Topf geben, gut verrühren und bei geringer Temperatur unter gelegentlichem Umrühren 6–7 Minuten erwärmen.

2. Mit dem Löffelrücken kleine Mulden in die Joghurtsauce drücken und die Eier hineinschlagen. Mit Salz würzen und die Eier 8–10 Minuten in der Sauce garen, bis sie stocken. Um sicherzugehen, dass das Eiweiß gleichmäßig gart, die Eier einige Minuten stocken lassen und dann das Eiweiß mit dem Griff eines Teelöffels mit der Joghurtsauce verrühren. Sofort servieren.

SOUK-EL-TAYEB-GEMÜSEEINTOPF

Vor acht Jahren arbeitete ich im Souk el Tayeb in der Küche des Restaurants Tawlet, einem der besten Restaurants in Beirut. In kürzester Zeit lernte ich dort unglaublich viel über libanesisches Essen. Der Besitzer, Kamal Mouzawak, ist ein guter Freund von mir geworden und hat mich auch beim Verfassen dieses Buches unterstützt. Während der Recherche bin ich einen Monat lang durch das Land gefahren und habe zahlreiche tolle Menschen besucht. Aber ich musste auch wieder dorthin zurückkehren, wo alles angefangen hat – in die Küche des Tawlet. Dort hat mir der neue Küchenchef diesen unglaublichen Gemüseeintopf gezeigt. Ich esse ihn am liebsten mit frischem grünem Salat und knusprigem Brot, um die wunderbare Sauce aufzutunken.

Für 4 Personen

200 g junge Kartoffeln, halbiert
5 EL Olivenöl
1 Aubergine, in etwa 5 cm große Stücke geschnitten
2 Zucchini, in etwa 5 cm große Stücke geschnitten
2 Zwiebeln, in feine Streifen geschnitten
4 Knoblauchzehen, grob gehackt
4 Tomaten, grob gehackt
2 EL Tomatenmark
1 TL libanesisches Sieben-Gewürz oder Baharat
1 TL Paprikapulver
½ TL Piment
½ TL gemahlener Kreuzkümmel
½ TL gemahlener Zimt
2 TL getrocknete Minze
Saft von ½ Zitrone
eine Handvoll fein gehackte Korianderblätter
Meersalz und frisch gemahlener schwarzer Pfeffer

1. Den Backofen auf 220 °C (200 °C Umluft / Gas Stufe 7) vorheizen. Die Kartoffeln in eine große Schüssel geben, mit 1 EL Olivenöl beträufeln, mit Salz und Pfeffer würzen und dann alles gut vermischen. Die Kartoffeln anschließend in eine Bratform geben und etwa 20 Minuten backen, bis sie beginnen, weich zu werden.

2. Auberginen und Zucchini in die gleiche Schüssel wie zuvor die Kartoffeln geben, mit 2 EL Olivenöl beträufeln, mit Salz und Pfeffer würzen, gut vermischen und anschließend zu den Kartoffeln geben. Gut verrühren und weitere 20–25 Minuten backen, bis das Gemüse weich und goldbraun ist.

3. In der Zwischenzeit das restliche Olivenöl in einen Schmortopf geben und bei mittlerer Temperatur erwärmen. Die Zwiebeln dazugeben und unter gelegentlichem Umrühren 12–15 Minuten anbraten, bis sie goldbraun sind. Den Knoblauch unterrühren, dann Tomaten und Tomatenmark, die Gewürze und die getrocknete Minze dazugeben. Mit Salz und Pfeffer würzen und mit 200 ml heißem Wasser aufgießen. Alles gut vermischen, dann die Temperatur reduzieren und abgedeckt 12–15 Minuten köcheln lassen, bis die Tomaten zerfallen.

4. Das geröstete Gemüse dazugeben und nach Bedarf mit etwas Wasser aufgießen, falls die Sauce zu dick erscheint. Den Eintopf abgedeckt weitere 5–10 Minuten köcheln lassen, damit sich die ganzen wunderbaren Aromen schön verbinden können. Er ist fertig, wenn das Gemüse heiß und die Sauce schön cremig ist.

5. Zitronensaft und Koriander dazugeben, nochmals gut umrühren und den Eintopf sofort servieren.

GRÜNE BOHNEN IN TOMATENSAUCE

Immer wenn ich ein neues Buch schreibe, ist es die traditionelle Küche, wie sie zu Hause bei den Einheimischen gekocht wird, die mich am meisten interessiert. Generationen von Köchinnen und Köchen haben diese einfachen Gerichte, die sie selbst seit ihrer Kindheit kennen, weitergegeben. Dieses Gericht ist genau so ein tolles, simples Alltagsgericht, das man auf den Esstischen im ganzen Libanon findet: grüne Bohnen gegart in einer leicht pikanten Tomatensauce. Man kann dieses Gericht warm oder kalt essen und als Beilage, aber auch als Hauptgericht mit Reis servieren.

Für 4 Personen als Beilage

4 EL Olivenöl
1 Zwiebel, in feine Streifen geschnitten
3 Knoblauchzehen, grob gehackt
360 g grüne Bohnen, Enden und Fäden entfernt, einige halbiert
6 Tomaten, fein gehackt
2 EL Tomatenmark
½ TL Piment
¼ TL gemahlener Zimt
Meersalz

1. Das Olivenöl in einen weiten Topf geben und bei mittlerer Temperatur erhitzen. Die Zwiebeln dazugeben und unter gelegentlichem Umrühren 8–10 Minuten anbraten, bis sie goldbraun sind. Den Knoblauch dazugeben, gut unterrühren und etwa 10 Sekunden anbraten, bis er wunderbar zu duften beginnt.

2. Bohnen, Tomaten, Tomatenmark, Piment, Zimt und eine großzügige Prise Salz in die Pfanne geben und alles gut vermischen. Mit 300 ml heißem Wasser aufgießen und gut umrühren. Die Temperatur reduzieren und die Bohnen abgedeckt 35–40 Minuten köcheln lassen, bis sie gar sind.

3. Den Deckel herunternehmen, die Temperatur wieder etwas erhöhen und unter gelegentlichem Umrühren weitere 10–15 Minuten köcheln lassen, bis die Sauce leicht eindickt. Den Topf vom Herd nehmen, die Bohnen auf Zimmertemperatur abkühlen lassen, dann mit Salz abschmecken und sofort servieren.

REIS & GETREIDE

DRUSISCHES SAFRAN-MANSAF

Mansaf – in Joghurtsauce geschmortes Lammfleisch – ist ein typisches nahöstliches Gericht. Diese drusische Version hat meine Freundin Rima für mich in Ramliyeh, einem kleinen Dorf im Chouf-Gebirge, zubereitet. Mit vielen Freunde aßen wir in ihrem klitzekleinen Wohnzimmer, und nach dem Essen servierte sie den typischen drusischen *yerba mate*, ein koffeinhaltiges Getränk, das ursprünglich aus Argentinien stammt und im 19. Jahrhundert von Syrern mit in die Levante gebracht wurde. Man trinkt es aus einem hölzernen Becher namens *karaa* durch eine Art Metallstrohhalm namens *bombilla*. Ich nahm einen riesigen Schluck – und verschluckte mich wegen des intensiv-herben Geschmacks, was die Runde um mich ziemlich erheiterte. Darauf kann ich verzichten, auf Rimas wunderbares *mansaf* nicht!

Für 4 Personen

4 Lammhaxen
3 EL Olivenöl
2 l heißer Lammfond
1 Zimtstange (etwa 10 cm)
ein 2,5 cm großes Stück Ingwer, in dünne Scheiben geschnitten
3 Lorbeerblätter
20 g Butter
1 Zwiebel, fein gehackt
1 TL libanesisches Sieben-Gewürz oder Baharat
¼ TL gemahlener Zimt
250 g Bulgur
einige Safranfäden
1 TL Speisestärke
300 g Labneh (siehe Seite 24)
Meersalz und frisch gemahlener schwarzer Pfeffer

Zum Garnieren
eine Handvoll grob gehackt Minzeblätter
15 g geröstete Pinienkerne
15 g geröstete Mandelblättchen

1. Die Lammhaxen rundherum großzügig mit Salz und Pfeffer würzen. 2 EL Olivenöl in einen großen Schmortopf geben und bei mittlerer Temperatur erhitzen. Die Lammhaxen dazugeben und von beiden Seiten je 4–5 Minuten anbraten. Mit Lammfond aufgießen, sodass die Lammhaxen etwa zu drei Vierteln bedeckt sind. Zimt, Ingwer und Lorbeerblätter dazugeben, einmal aufkochen lassen, dann die Temperatur reduzieren und abgedeckt etwa 2–2½ Stunden köcheln lassen, bis das Lammfleisch wunderbar zart ist. Den Topf vom Herd nehmen und für den Bulgur 550 ml Fond herausschöpfen, das Fleisch in der Zwischenzeit im Fond ziehen lassen.

2. Die Butter und das restliche Olivenöl in einen Topf geben und bei mittlerer Temperatur erhitzen. Die Zwiebeln dazugeben und unter gelegentlichem Umrühren 6–8 Minuten anbraten, bis sie goldbraun sind. Sieben-Gewürz, Zimt, eine großzügige Prise Salz und schließlich den Bulgur dazugeben und alles gut verrühren. Mit den 550 ml Lammfond aufgießen und einmal aufkochen lassen, dann die Temperatur reduzieren und den Bulgur 30–35 Minuten abgedeckt köcheln lassen, bis er weich ist. Den Topf vom Herd nehmen und den Bulgur mit einer Gabel auflockern.

3. Die Lammhaxen auf einen vorgewärmten Teller geben und abgedeckt beiseitestellen. Den Fond abseihen, dabei 450 ml auffangen, wieder in den Schmortopf geben und bei mittlerer Temperatur einmal aufkochen lassen. Eine Prise Salz und dann den Safran dazugeben und gut verrühren.

4. Die Speisestärke in einer kleinen Schüssel mit 2 EL Wasser verrühren. Die Mischung in den Schmortopf zum Safran-Fond geben und unterrühren.

5. Die Temperatur reduzieren, den Labneh dazugeben und gut unterrühren. Die Lammhaxen dazugeben, mit Sauce bedecken und 5 Minuten ziehen lassen, bis das Fleisch warm ist.

6. Das Fleisch auf eine Platte geben, die Sauce darübergießen, mit Minze, Pinienkernen und Mandelblättchen bestreuen und mit Bulgur servieren.

MAKLOUBEH

Makloubeh, was übersetzt so viel heißt wie »auf dem Kopf stehender Kuchen«, ist ein tolles Reisgericht, das überall im Nahen Osten zubereitet wird. Zuerst wird Gemüse in einen Topf geschichtet, darauf kommt Fleisch und ganz zum Schluss Reis. Sobald alles gar ist, gibt man einen Teller verkehrt herum auf den Topf und stürzt das *makloubeh*. Das hier ist meine libanesische Variante, die ich in Beirut kennengelernt habe. Bei diesem Gericht ist es essenziell, einen weiten, beschichteten Topf zu verwenden, sodass der »Kuchen« beim Stürzen seine Form behält und nicht zu sehr auseinanderfällt. Ich verfeinere mein *makloubeh* zum Schluss noch mit gerösteten Nüssen und frischen Kräutern, die das Gericht noch aufregender machen.

Für 6 Personen

1 Aubergine, in etwa 1 cm dicke Scheiben geschnitten
300 g Blumenkohlröschen
500 g Hühnerkeulenfilets ohne Haut und Knochen
6 EL Olivenöl
3½ TL Piment
1 Zwiebel, fein gehackt
400 g Basmati-Reis
1½ TL libanesisches Sieben-Gewürz oder Baharat
1 TL Paprikapulver
700 ml heiße Hähnchenbrühe
2 EL Tomatenmark
40 g geröstete Cashewkerne
40 g geröstete Mandelkerne
15 g geröstete Pinienkerne
eine Handvoll fein gehackte Petersilie
Meersalz

Für die Joghurtsauce
200 g griechischer Joghurt (vollfett)
½ Knoblauchzehen, gepresst
Saft von ¼ Zitrone
Meersalz

1. Den Backofen auf 220 °C (200 °C Umluft / Gas Stufe 7) vorheizen. Auberginenscheiben, Blumenkohlröschen, Hähnchenfleisch, 3 EL Olivenöl, 2 TL Piment und eine großzügige Prise Salz in eine Schüssel geben und gut vermischen. Die Mischung in eine Bratform geben und 30–35 Minuten im Ofen rösten, bis Gemüse und Fleisch gar sind.

2. 2 EL Olivenöl in einen weiten beschichteten Topf geben und bei mittlerer Temperatur erhitzen. Die Zwiebeln dazugeben und unter gelegentlichem Umrühren 6–8 Minuten anbraten, bis sie goldbraun sind. Reis, Sieben-Gewürz, Paprikapulver, den restlichen Piment und eine großzügige Prise Salz dazugeben, gut verrühren und dann in eine Schüssel geben.

3. Den Topf, in dem die Zwiebeln waren, mit dem restlichen Olivenöl auspinseln. Auberginenscheiben und dann Blumenkohlröschen in den Topf schichten, das Hähnchenfleisch in Stücke reißen und darübergeben, mit der Reismischung bedecken und diese mit dem Löffelrücken glatt streichen.

4. Brühe und Tomatenmark in einem Messbecher vermischen, über den Reis gießen und bei mittlerer Temperatur einmal aufkochen lassen. Die Temperatur reduzieren und abgedeckt etwa 20 Minuten köcheln lassen, bis der Reis die ganze Flüssigkeit aufgenommen hat. Vom Herd nehmen und abgedeckt etwa 10 Minuten stehen lassen, so wird der Reis schön luftig.

5. In der Zwischenzeit für die Joghurtsauce Joghurt, Knoblauch, Zitronensaft und eine Prise Salz in eine Schüssel geben und verrühren.

6. Den Deckel vom Topf nehmen, einen großen Teller verkehrt herum daraufgeben und das *makloubeh* stürzen. Von allen Seiten auf den Topf klopfen und dann etwa 10 Sekunden warten, bis sich der »Kuchen« aus dem Topf löst. Keine Sorge, wenn er dabei etwas zerfällt, er muss nicht perfekt aussehen. Die gerösteten Nüsse und die Petersilie darüberstreuen und mit der Joghurtsauce servieren.

ABUS PIKANTER FREEKEH MIT LAMM

Außerhalb der Stadt Nabatäa ganz im Süden des Libanon baut Abu Kassam den wunderbar aromatischen Za'atar an. Anfangs hielt man ihn für verrückt, weil er versuchte, eine wilde Pflanze zu züchten, aber er schaffte es, und mittlerweile versorgt er Geschäfte und Restaurants auf der ganzen Welt mit dieser wunderbaren Zutat. Die Menschen, die in der Gegend um Nabatäa leben, sind arm, und da er es zu etwas gebracht hatte, begann Abu irgendwann, den einheimischen Frauen Freekeh abzukaufen, ihn abzupacken und dann weiterzuverkaufen. Er zahlt ihnen einen deutlich über dem Marktwert liegenden Preis, wodurch er nur das beste Getreide erhält. Freekeh und Lamm sind eine klassische Kombination der südlibanesischen Küche – und die Textur und der Geschmack des Weizens sind einfach perfekt für dieses einfache Gericht mit pikant gewürztem Lammfleisch.

Für 6 Personen

Für das Lamm
6 Knoblauchzehen, geschält
250 g griechischer Joghurt (vollfett)
abgeriebene Schale und Saft von 1 unbehandelten Zitrone
2 TL libanesisches Sieben-Gewürz oder Baharat
1 TL Piment
½ TL Zimt
2 TL getrocknete Minze
1,5 kg Lammkeule im Schmetterlingsschnitt geschnitten
3 EL Olivenöl
Meersalz

Für den Freekeh
20 g Butter
200 g Lammhackfleisch mit 15–20 % Fett
1 TL libanesisches Sieben-Gewürz oder Baharat
1 TL Piment
300 g Freekeh
700 ml heißer Lammfond
Meersalz

Zum Garnieren
20 g geröstete Cashewkerne
20 g geröstete Mandelkerne
eine kleine Handvoll fein gehackte Petersilie

1. Den Knoblauch mit etwas Salz im Mörser zu einer Paste zerstoßen und dann in eine große Schüssel geben. Joghurt, Zitronenabrieb und -saft, die Gewürze und die getrocknete Minze dazugeben, mit einer großzügigen Prise Salz würzen und gut verrühren. Die Lammkeule rundherum mit der Marinade einreiben und dann über Nacht im Kühlschrank ziehen lassen.

2. Den Backofen auf 220 °C (200 °C Umluft / Gas Stufe 7) vorheizen. Das Fleisch aus dem Kühlschrank nehmen und auf Zimmertemperatur warm werden lassen. Die Lammkeule auf einen Grillrost geben, mit Olivenöl bepinseln und dann in den Ofen geben. Darunter ein Backblech geben und die Lammkeule 30–35 Minuten garen, bis sie außen goldbraun und knusprig und innen zartrosa ist. Die Lammkeule aus dem Ofen nehmen, auf einen vorgewärmten Teller geben, mit Alufolie abdecken und etwa 10 Minuten ruhen lassen. Die Garflüssigkeit vom Backblech in einen Messbecher gießen.

3. In der Zwischenzeit den Freekeh zubereiten. Dafür die Butter in eine große Pfanne geben und bei hoher Temperatur zerlassen, dann das Lammhackfleisch dazugeben und 3–4 Minuten unter Rühren anbraten, bis es gar ist. Die Gewürze und eine großzügige Prise Salz dazugeben, gut umrühren, dann den Freekeh in die Pfanne geben und mit Lammfond aufgießen. Alles gut verrühren, einmal aufkochen lassen, dann die Temperatur reduzieren und den Freekeh 40–45 Minuten abgedeckt köcheln lassen, bis er die ganze Flüssigkeit aufgenommen hat und wunderbar weich und zart ist. Die Pfanne vom Herd nehmen und den Freekeh etwa 5 Minuten ziehen lassen.

4. Zum Servieren den Freekeh auf eine große Platte geben. Das Lammfleisch in Scheiben schneiden und darüber verteilen, die Garflüssigkeit darübergießen, mit gerösteten Cashew- und Mandelkernen und Petersilie bestreuen und sofort servieren.

SEEHECHT-EINTOPF

Sayadieh-bi-samak – Fisch mit Reis und Zwiebeln – ist ein wunderbares traditionelles Gericht aus der Hafenstadt Sidon. Es ist die Art einfaches Abendessen, das eine Mutter für ihre Kinder zubereiten würde, wenn diese nach einem langen Tag nach Hause kommen. Der Fisch wird mit einer Knoblauch-Gewürz-Paste eingerieben und dann mit Reis, karamellisierten Zwiebeln und Gewürzen gegart. Die Aromen harmonieren wunderbar miteinander, und den krönenden Abschluss bildet die samtige Tarator-Sauce. Für dieses Gericht eignet sich jeder weiße Fisch, ich verwende aber meist Seehecht, da das feste Fleisch intensive Aromen besonders gut verträgt.

Für 4 Personen

6 Knoblauchzehen, zerdrückt
1½ TL Piment
1½ TL gemahlener Kreuzkümmel
6 EL Olivenöl
4 Seehechtfilets (à etwa 150 g)
2 Zwiebeln, fein gehackt
1 TL libanesisches Sieben-Gewürz oder Baharat
1 Zimtstange (etwa 10 cm)
4 Kardamomkapseln, zerdrückt
300 g Basmati-Reis
600 ml heiße Hähnchenbrühe oder Fischfond
eine kleine Handvoll fein gehackte Minzeblätter
eine kleine Handvoll fein gehackte Korianderblätter
20 g geröstete Mandelblättchen, zum Garnieren
Meersalz

Für die Tarator-Sauce
80 g Tahin
Saft von ½ Zitrone
Meersalz

1. Vier Knoblauchzehen mit einer großzügigen Prise Salz im Mörser zu einer Paste zerstoßen. ½ TL Piment, 1 TL Kreuzkümmel und 2 EL Olivenöl dazugeben und alles gut vermischen. Die Gewürzpaste und die Fischfilets in eine Schüssel geben und diese mit der Paste einreiben, bis sie runderum bedeckt sind.

2. 2 EL Olivenöl in eine große Pfanne geben und bei mittlerer Temperatur erhitzen. Die Fischfilets mit der Hautseite nach unten hineingeben und 2–3 Minuten anbraten, bis die Haut goldbraun und knusprig ist. Die Filets aus der Pfanne nehmen und auf einen Teller geben.

3. Das restliche Olivenöl in die Pfanne geben und erhitzen. Die Zwiebeln dazugeben und unter gelegentlichem Umrühren 10–12 Minuten anbraten, bis sie goldbraun sind. Den restlichen Knoblauch, das restliche Piment, den restlichen Kreuzkümmel, das Sieben-Gewürz, die Zimtstange und den Kardamom sowie den Reis in die Pfanne geben, gut umrühren und dann mit Hähnchenbrühe oder Fischfond aufgießen.

4. Die Filets in die Pfanne geben und leicht in den Reis drücken, einmal aufkochen lassen, dann die Temperatur reduzieren und den Eintopf 12–15 Minuten abgedeckt köcheln lassen, bis der Reis gar ist. Die Pfanne vom Herd nehmen und 5 Minuten stehen lassen. Dann die Filets herausnehmen und auf einen Teller geben. Den Reis mit einer großzügigen Prise Salz würzen und den Großteil der Minze und des Korianders dazugeben. Den Reis mit einer Gabel auflockern und dann auf eine Servierplatte geben. Die Fischfilets darauf verteilen und schließlich die restlichen Kräuter und die gerösteten Mandelblättchen darüberstreuen.

5. Für die Tarator-Sauce Tahin, Zitronensaft und eine großzügige Prise Salz mit 65 ml Wasser in eine Schüssel geben und zu einer cremigen Sauce verrühren. Die Sauce separat zum Eintopf servieren.

BEKAA-EBENE-SALAT

[WARAK ENAB]

Auf einem Ausläufer des Gebirges, das sich über den Weinbergen der Bekaa-Ebene erhebt, befindet sich das kleine Dorf Ammiq. Die einheimischen Frauen dort bereiten ein fantastisches vegetarisches Gericht zu: gefüllte Weinblätter namens *warak enab*. Ich kann gar nicht genug von der wunderbaren Füllung bekommen und nasche sie meist schon aus der Schüssel, bevor die Weinblätter auch nur in Sichtweite sind: luftiger Reis mit Tomaten, Zwiebeln, Kräutern und einem großzügigen Schuss Granatapfelsirup. Inspiriert von dieser süchtig machenden Mischung habe ich einen Salat kreiert, der einfach perfekt zu gegrilltem Fleisch oder Fisch oder geröstetem Gemüse passt.

Für 4–6 Personen als Beilage

200 g Basmati-Reis
200 g Kirschtomaten, halbiert
½ rote Zwiebel, fein gehackt
eine große Handvoll fein gehackte Petersilie
eine Handvoll grob gehackte Oreganoblätter
Saft von 1 Zitrone
3 EL Granatapfelsirup
2 EL Olivenöl
1 TL Sumach
Meersalz

1. Den Reis 10–12 Minuten in kochendem Wasser kochen, bis er weich ist, dann in ein Sieb geben, unter fließendem kalten Wasser abschrecken und gut abtropfen lassen.

2. Reis, Tomaten, Zwiebeln, Petersilie, Oregano, Zitronensaft, Granatapfelsirup, Olivenöl, Sumach und eine großzügige Prise Salz in eine Schüssel geben und alles gut verrühren, bis der Granatapfelsirup gleichmäßig verteilt ist. Den fertigen Salat in eine große Servierschüssel geben – und genießen!

PILAW MIT DICKEN BOHNEN UND KORIANDER

Dicke Bohnen – oder *ful* – sind im Libanon äußerst beliebt. Das ganze Jahr über verwendet man die getrockneten Bohnen, um Hummus-*ful* zuzubereiten: ein herrliches Gericht aus gekochten Dicken Bohnen, Zitronensaft und Tahin, das besonders zum Frühstück beliebt ist. Im Frühjahr, zur Erntezeit der *ful*, bereitet man aus ihnen unzählige Mezze und tolle Salate zu – und dieses wunderbare Pilaw, bei dem reichlich Knoblauch und Kreuzkümmel für ausgewogene Aromen sorgen.

Für 4 Personen

2 EL Olivenöl
1 Zwiebel, fein gehackt
3 Knoblauchzehen, fein gehackt
1 TL Kreuzkümmelsamen
eine Handvoll Koriander, Blätter und Stiele getrennt und fein gehackt
100 g frische oder gefrorene enthülste Dicke Bohnen
200 g Langkornreis
500 ml heiße Gemüsebrühe
Meersalz

1. Das Olivenöl in einen Topf geben und bei mittlerer Temperatur erwärmen. Die Zwiebeln und eine großzügige Prise Salz dazugeben und unter gelegentlichem Umrühren 5–6 Minuten anschwitzen, bis sie weich sind.

2. Knoblauch, Kreuzkümmel, die Korianderstiele und die Hälfte der Korianderblätter sowie eine Prise Salz dazugeben und etwa 30 Sekunden unter Rühren anbraten, bis Knoblauch, Gewürze und Kräuter wunderbar zu duften beginnen. Bohnen und Reis dazugeben, gut umrühren und dann mit Gemüsebrühe aufgießen. Einmal aufkochen lassen, dann die Temperatur reduzieren und den Pilaw 12–15 Minuten abgedeckt köcheln lassen, bis Reis und Bohnen die ganze Flüssigkeit aufgenommen haben.

3. Den Topf vom Herd nehmen und den Pilaw abgedeckt etwa 10 Minuten ziehen lassen, sodass der Reis schön luftig wird. Den restlichen Koriander in den Topf geben, alles mit einer Gabel auflockern und den Pilaw sofort servieren.

FREEKEH-SALAT MIT FEIGEN UND WALNÜSSEN

Freekeh ist ein wunderbares altes Getreide, das reich an Eiweiß, Ballaststoffen, Kalzium und Zink ist. Der Name geht auf das arabische Wort *farak* zurück, was so viel heißt wie »reiben« und auf die traditionelle Verarbeitung des Getreides hindeutet: Die Bauern rieben den Weizen zwischen den Händen, um die Körner von der Spreu zu trennen. Weizen wird hauptsächlich im Süden des Libanon angebaut, wo er unreif und grün geerntet und dann über dem offenen Feuer geröstet wird, wodurch der Freekeh einen wunderbar rauchigen Geschmack bekommt. Freekeh verträgt kräftige Aromen und schmeckt besonders lecker als Pilaw – oder als Salat!

Für 2 Personen als Hauptgang oder für 4 Personen als Beilage

160 g Freekeh
4 Frühlingszwiebeln, fein gehackt
eine kleine Handvoll fein gehackte Korianderblätter
2 kleine Handvoll fein gehackte Minzeblätter
2 EL Olivenöl, plus etwas mehr zum Beträufeln
3 EL Granatapfelsirup
50 g Walnusskerne, grob zerstoßen
1½ TL Sumach
4 Feigen, geviertelt
50 g Feta
Meersalz

1. Den Freekeh in einen großen Topf geben, mit reichlich heißem Wasser übergießen und bei hoher Temperatur einmal aufkochen lassen. Dann die Temperatur reduzieren und den Freekeh abgedeckt 20–25 Minuten kochen, bis er weich ist, aber noch etwas Biss hat. Den Freekeh in ein Sieb geben, unter fließendem kaltem Wasser abschrecken und dann gut abtropfen lassen.

2. Freekeh, Frühlingszwiebeln, Koriander, die Hälfte der Minze, 1 EL Olivenöl, 2 EL Granatapfelsirup, 30 g Walnüsse, 1 TL Sumach und eine großzügige Prise Salz in eine große Schüssel geben, alles gut vermischen und dann zum Servieren in eine Salatschüssel geben.

3. Die Feigen auf dem Salat verteilen und den Feta darüberkrümeln. Die restlichen Walnüsse, den restlichen Sumach und die restliche Minze darüberstreuen, mit dem restlichen Olivenöl und Granatapfelsirup beträufeln und sofort servieren.

REIS MIT LINSEN

[MUJADDARA]

Dieses wunderbar einfache, wärmende und billige Reisgericht ist ein Grundnahrungsmittel, das überall im Libanon gegessen wird. Der Reis wird mit Linsen und Gewürzen gekocht und mit Unmengen an karamellisierten Zwiebeln serviert. *Mujaddara* ist eine tolle Beilage, man kann es aber auch pur als Hauptgang servieren.

Für 4 Personen

4 EL Olivenöl
3 Zwiebeln, 1 fein gehackt und 2 in feine Streifen geschnitten
2 Knoblauchzehen, fein gehackt
150 g braune Linsen, gewaschen
550 ml Gemüsebrühe (aus ½ Brühwürfel)
150 g Langkornreis
1 TL gemahlener Kreuzkümmel
½ TL libanesisches Sieben-Gewürz oder Baharat
Meersalz

1. 2 EL Olivenöl in einen Topf geben und bei mittlerer Temperatur erhitzen. Die gehackten Zwiebeln dazugeben und unter gelegentlichem Umrühren 6–8 Minuten anbraten, bis sie goldbraun sind. Den Knoblauch dazugeben und 30 Sekunden anbraten, bis er wunderbar zu duften beginnt.

2. Die Linsen dazugeben und dann mit Gemüsebrühe aufgießen. Einmal aufkochen lassen, dann die Temperatur reduzieren und die Linsen abgedeckt etwa 20 Minuten köcheln lassen, bis sie bissfest sind. Reis, Kreuzkümmel, Sieben-Gewürz und eine großzügige Prise Salz dazugeben, gut umrühren und abgedeckt weitere 20 Minuten köcheln lassen, bis der Reis und die Linsen die ganze Flüssigkeit aufgenommen haben und weich sind. Falls die Linsen noch sehr bissfest sind, etwas mehr Wasser dazugeben und noch einige Minuten weiterköcheln. Den Topf vom Herd nehmen, den *mujaddara* abgedeckt 10 Minuten stehen lassen und dann mit einer Gabel umrühren, sodass Reis und Linsen nicht zusammenkleben.

3. In der Zwischenzeit das restliche Olivenöl in eine beschichtete Pfanne geben und bei mittlerer Temperatur erhitzen. Die Zwiebelstreifen und eine großzügige Prise Salz dazugeben, gut umrühren und unter gelegentlichem Umrühren 25–30 Minuten anbraten, bis die Zwiebeln karamellisieren und wunderbar goldbraun und knusprig sind.

4. Den *mujaddara* auf eine große Platte geben, die karamellisierten Zwiebeln darüber verteilen und sofort servieren.

LIBANESISCHER BUTTERREIS

Das hier ist ein weiteres traditionelles libanesisches Rezept: in Butter gebräunte Fadennudeln, die mit Reis gekocht werden, bis sie weich sind – eine tolle Kombination ganz unterschiedlicher Texturen. Der Butterreis ist die klassische Beilage zu Eintöpfen und Kebab. Aber wissen Sie was? Ich esse ihn am allerliebsten pur: Er ist gute Laune zum Löffeln!

Für 4–6 Personen als Beilage

50 g Butter
55 g Eier-Fadennudeln, in kleine Stücke zerbrochen
300 g Langkornreis
Meersalz

1. Die Butter in einen großen Topf geben und bei mittlerer Temperatur erhitzen. Die Nudeln dazugeben und unter Rühren 3–4 Minuten anbraten, bis sie goldbraun sind. Den Reis dazugeben und gut umrühren, sodass er rundherum mit Butter bedeckt ist. Mit 600 ml heißem Wasser aufgießen, die Temperatur reduzieren und abgedeckt 10–12 Minuten köcheln lassen, bis Reis und Nudeln die ganze Flüssigkeit aufgenommen haben. Den Topf vom Herd nehmen und den Butterreis abgedeckt etwa 10 Minuten ziehen lassen.

2. Den Reis mit einer Prise Salz würzen, mit einer Gabel auflockern, auf eine vorgewärmte Servierplatte geben und sofort servieren.

LIBANESISCHER COUSCOUS MIT KÜMMEL

[MOGHRABIEH]

Moghrabieh, was so viel bedeutet wie »aus dem Maghreb kommend«, womit der Ursprung des Rezepts geklärt wäre, ist sowohl der Name dieses festlichen Gerichts als auch die Bezeichnung für den zu kleinen Kügelchen zerriebenen Grieß aus Hartweizen, der auch als libanesischer Couscous bekannt ist, mit dem es zubereitet wird. Der Hartweizengrieß wird gekocht und dann mit Kreuzkümmel, Kümmel und Hühnerbrühe verfeinert. Das ist der Inbegriff der arabischen Küche: kräftig gewürzt, unglaublich geschmackvoll und herrlich füllend! In den Souks von Tripoli wird *moghrabieh* als Streetfood verkauft. Mohammed serviert es im El Dabousi, einem kleinen Geschäft, das sein Großvater vor mehr als 100 Jahre eröffnete, zum Beispiel mit sauer eingelegtem Gemüse in Fladenbrot eingerollt. Das ist die perfekte Kombination, da das Gericht durch die Säure des Gemüses geschmacklich wunderbar ausbalanciert wird.

Für 4–6 Personen

2 EL Olivenöl
1 kg Hähnchenkeulen mit Haut und Knochen
6 Babyschalotten, geschält
8 Knoblauchzehen, geschält
2 TL gemahlener Kümmel, plus etwas mehr zum Servieren
2 TL gemahlener Kreuzkümmel
2 TL libanesisches Sieben-Gewürz oder Baharat
1 Zimtstange (etwa 10 cm)
500 ml heiße Hähnchenbrühe
350 g Moghrabieh (libanesischer Couscous)
20 g Butter
140 g abgetropfte Kichererbsen aus der Dose
abgeriebene Schale von 1 unbehandelten Zitrone und Saft von ½ Zitrone
eine kleine Handvoll Korianderblätter, zum Garnieren
Meersalz

1. Das Olivenöl in einen Schmortopf geben und bei mittlerer Temperatur erhitzen. Die Hähnchenkeulen mit der Hautseite nach unten sowie die Schallotten dazugeben und 8–10 Minuten anbraten, dabei die Schalotten gelegentlich wenden, bis die Haut und die Schalotten goldbraun sind. Die Hähnchenkeulen wenden, den Knoblauch dazugeben und weitere 2 Minuten anbraten, bis er leicht Farbe annimmt. Kümmel, Kreuzkümmel, Sieben-Gewürz und Zimt dazugeben, mit Hähnchenbrühe aufgießen und einmal aufkochen lassen. Die Temperatur reduzieren und abgedeckt 40–45 Minuten köcheln lassen, bis das Hähnchen gar und wunderbar zart ist.

2. In der Zwischenzeit den Moghrabieh 15 Minuten in kochendem Wasser kochen, dann abgießen und wieder in den Topf geben. Die Butter dazugeben, gut umrühren und dann in den Topf zu den Hähnchenkeulen geben. Die Kichererbsen dazugeben und den Topf schwenken, bis der Moghrabieh mit Flüssigkeit bedeckt ist. Einen Deckel auf den Topf geben und abgedeckt 15 Minuten köcheln lassen, bis der Moghrabieh weich ist. Den Deckel vom Topf nehmen, die Temperatur erhöhen und unter gelegentlichem Schwenken 10–12 Minuten köcheln lassen, bis die Sauce etwas eingedickt ist. Den Zitronensaft dazugeben, gut umrühren und bei Bedarf mit Salz abschmecken.

3. Zum Servieren den Moghrabieh in eine Schüssel geben und die Hähnchenkeulen daraufsetzen. Mit abgeriebener Zitronenschale, Koriander und einer Prise Kümmel bestreuen und sofort servieren.

BROT & GEBÄCK

LAMM-PITA MIT SUMACH

[ARAYES KAFTA]

In El Mina, dem alten phönizischen Stadtteil von Tripoli, führt Ammaah eine Bäckerei, die sich seit mehr als 50 Jahren in Familienbesitz befindet – und in der man die besten Pita der ganzen Stadt bekommt: Sie sind luftig, weich und einfach ein Traum. Die dunklen, verkohlten Holzwände der Bäckerei erzählen Geschichten von den mehr als 500 Broten, die er hier jeden Tag in dem glühend heißen Ofen bäckt. Die Bäckerei befindet sich auf einer geschäftigen Straße der Medina, und die Eingeweihten kaufen sich ein Pita bei Ammaah und gehen dann damit zur gegenüberliegenden Metzgerei, wo man sie sich mit einer Mischung aus gewürztem Lammfleisch und Tomaten füllen lassen kann und sie in einem improvisierten Ofen knusprig gebacken werden. Die gefüllten Pita machen satt und sind unkompliziert und einfach lecker: der perfekte Snack, bevor man sich in das bunte Treiben des Souk stürzt.

Ergibt 8 Pita

Für die Füllung
½ Zwiebel, grob gehackt
1 Tomate, grob gehackt
250 g Lammhackfleisch mit 15–20 % Fett
1 TL Sumach
½ TL libanesisches Sieben-Gewürz oder Baharat
½ TL Piment
eine kleine Handvoll Petersilie
Meersalz

8 kleine runde Pita-Brote
2 EL Olivenöl
Zitronenspalten, zum Servieren

1. Den Backofen auf 220 °C (200 °C Umluft / Gas Stufe 7) vorheizen. Für die Füllung die Zwiebel in einen Mixer geben und fein zerkleinern, dann Tomaten, Lammhackfleisch, Sumach, Sieben-Gewürz, Piment, Petersilie und eine großzügige Prise Salz dazugeben und mixen, bis eine glatte Paste entsteht.

2. Die Pita-Brote jeweils 20–30 Minuten in die Mikrowelle geben, so werden sie schön luftig und weich, und dann entlang der Kante vorsichtig auf-, aber nicht ganz durchschneiden, sodass die Brothälften an einer Stelle noch zusammenhalten.

3. Die Füllung auf je einer Hälfte der Brote verstreichen, die Pita zusammenklappen, auf einen Grillrost geben, mit Olivenöl bestreichen und dann 6–8 Minuten im Ofen backen, bis das Lammfleisch durch und wunderbar saftig ist. Die fertigen Pita in Viertel schneiden und mit Zitronenspalten servieren

SFIHA AUS BAALBEK

Die mitten in der fruchtbaren Bekaa-Ebene gelegene Stadt Baalbek ist für zwei Dinge berühmt: die atemberaubenden römischen Ruinen und das beste Fleisch im ganzen Libanon. Eines frühen Morgens machte ich mich auf den Weg, um Zachariah zu besuchen, einen einheimischen Bäcker, der bekannt dafür ist, die besten *sfiha* der Stadt zuzubereiten. *Sfiha* sind kleine mit Fleisch gefüllte Täschchen, von denen es im ganzen Land verschiedenste Versionen gibt. Zachariahs haben die klassische Rautenform, sind mit reichlich Fleisch gefüllt, und der Teig ist superdünn und extraknusprig – viel besser als die trockenen, teigigen Täschchen, die ich bis dahin probiert hatte. Es ist faszinierend, ihm zuzusehen, wie er die Täschchen zubereitet: Innerhalb von Sekundenschnelle bereitet er einen luftigen Teig zu, teilt Portionen ab und klopft diese zu kleinen Kreisen – man schmeckt seine Leidenschaft und Energie mit jedem Bissen. *Sfiha* sind perfekt als Vorspeise oder als leichtes Mittagessen in Kombination mit einem knackigen grünen Salat.

Ergibt 24 kleine Täschchen

Für den Teig
- 400 g Mehl, plus etwas mehr zum Verarbeiten
- 7 g (1 Päckchen) Trockenhefe
- 2 TL Salz
- 1 TL Zucker
- 60 ml Pflanzenöl, plus etwas mehr für die Schüssel

Für die Füllung
- 2 Tomaten, grob gehackt
- 400 g Lammhackfleisch mit 20 % Fett
- 1 TL Piment
- 1 TL libanesisches Sieben-Gewürz oder Baharat
- Meersalz

Zitronenspalten, zum Servieren

1. Mehl, Trockenhefe, Salz und Zucker in eine Schüssel geben und gut vermischen. Eine Mulde in die Mitte drücken und das Öl sowie 180 ml Wasser hineingeben und alles zu einem Teig verkneten. Bei Bedarf noch etwas mehr Wasser dazugeben. Den Teig anschließend auf einer bemehlten Arbeitsfläche 6–7 Minuten kneten, bis er schön geschmeidig ist, dann in eine eingeölte Schüssel geben und abgedeckt 10 Minuten gehen lassen.

2. Den Teig aus der Schüssel nehmen, auf eine bemehlte Arbeitsfläche geben, in 24 Portionen zerteilen und diese mit den Händen zu Kugeln formen. Die Kugeln bemehlen und dann mit dem Nudelholz zu Kreisen von etwa 10 cm Durchmesser ausrollen: Dabei muss man nicht zu genau vorgehen, es macht nichts, wenn die Ränder etwas ausfransen.

3. Die Tomaten in einen Mixer geben, fein pürieren und dann in eine Schüssel füllen. Lammhackfleisch, Piment, Sieben-Gewürz und eine großzügige Prise Salz dazugeben und gut verrühren.

4. Den Backofen auf 220 °C (200 °C Umluft / Gas Stufe 7) vorheizen, zwei Backbleche mit Backpapier auslegen und dieses mit Öl bepinseln. In die Mitte jedes Teigkreises 1 EL (etwa 25 g) Füllung geben und verteilen, dabei zum Rand etwas Platz lassen. Zwei gegenüberliegende Seiten der Teigkreise zur Mitte hin falten, dann die anderen zwei Seiten einklappen und die Ecken zwischen den Fingern zusammendrücken, sodass kleine viereckige Körbchen entstehen. Diese noch etwas flach drücken und dann auf die Backbleche geben. Die *sfiha* 15–20 Minuten backen, bis sie goldbraun sind, dann aus dem Ofen nehmen, mit etwas Salz bestreuen, kurz abkühlen lassen und mit Zitronenspalten servieren.

NEW YORK

ZA'ATAR-MAN'OUCHE

Man'ouche ist eines der Nationalgerichte des Libanon, das in zahlreichen Bäckereien im gesamten Land zubereitet wird. Es ist ein wunderbar dünnes und knuspriges Brot, das meist mit reichlich mit Za'atar aromatisiertem Olivenöl bestrichen wird. Oft werden *man'ouche* aber auch mit verschiedensten Kräutern gefüllt und zusammengerollt, wodurch sie zu einem perfekten Snack werden, den man im Gehen verspeisen kann. Und mit reichlich Käse bestreute *man'ouche* sind vor allem zum Frühstück äußerst beliebt. Ich kann von dieser Variante mit Käse und Za'atar gefüllt mit frischer Minze gar nicht genug bekommen. Und dazu braucht man auf jeden Fall: arabischen Kaffee! Traditionell werden *man'ouche* im Holzofen gebacken, wodurch sie wunderbar knusprig werden und ein tolles rauchiges Aroma erhalten. Zu Hause macht man das am besten, indem man die Brote in einer sehr heißen, beschichteten Pfanne bäckt – so bekommt man die Hitze, die man dafür braucht. Man sollte aber aufpassen, dass die Temperatur nicht zu hoch ist: Wird das Brot auf der Unterseite schon sehr dunkel, die Temperatur reduzieren, sodass es gleichmäßig bäckt.

Ergibt 8 Man'ouche

Für den Teig
400 g Mehl, plus etwas mehr zum Verarbeiten
7 g (1 Päckchen) Trockenhefe
2 TL Salz
1 TL Zucker
2 EL Olivenöl, plus etwas mehr für die Schüssel

Für das Topping
8 EL Olivenöl
4 EL Za'atar
80 g Feta, zerkrümelt
eine große Handvoll Minzeblätter
Meersalz

1. Mehl, Trockenhefe, Salz und Zucker in eine Schüssel geben und gut vermischen. Eine Mulde in die Mitte drücken, das Olivenöl und 250 ml Wasser hineingeben und alles zu einem Teig verkneten. Falls der Teig zu trocken ist, noch bis zu 30 ml mehr Wasser dazugeben. Den Teig anschließend auf einer bemehlten Arbeitsfläche 6–7 Minuten kneten, bis er schön geschmeidig ist, dann in eine eingeölte Schüssel geben und an einem kühlen, dunklen Ort abgedeckt etwa 1 Stunde gehen lassen.

2. Den Teig aus der Schüssel nehmen, auf eine bemehlte Arbeitsfläche geben und in 8 Portionen zerteilen. Die Teigportionen mit den Händen etwas flach drücken, von beiden Seiten mit Mehl bestauben und dann zu Kreisen mit einem Durchmesser von etwa 20 cm ausrollen.

3. Olivenöl, Za'atar und eine großzügige Prise Salz in eine Schüssel geben und gut verrühren.

4. Eine beschichtete Pfanne bei hoher Temperatur erhitzen, dann einen Teigkreis hineingeben und die Oberseite großzügig mit der Olivenöl-Za'atar-Mischung bestreichen. Die Temperatur reduzieren und das Brot 2–2½ Minuten backen, bis die Unterseite schön dunkel und knusprig und der Teig durch ist. Bei Bedarf dabei die Temperatur noch weiter reduzieren oder wieder erhöhen, sodass das Brot gleichmäßig gebacken wird. Das fertige *man'ouche* aus der Pfanne nehmen und die restlichen Teigkreise ebenso backen. Die fertigen Brote mit zerkrümeltem Feta und frischer Minze bestreuen und sofort servieren.

FRÜHSTÜCKSBROT AUS DEN BERGEN

Vor einer anspruchsvollen Wanderungen im Wadi Qadischa traf ich meinen Wanderführer George zum Frühstück in der Bäckerei Hard im kleinen Dorf Hadath el Jebbeh, von dem aus man einen wunderbaren Blick auf das üppig grüne Wadi Qannoubine hat. Der Laden ist offensichtlich der absolute Place to be: Unzählige Einheimische und einige laute junge Soldaten ließen sich Brote gefüllt mit Lamm und *kishk* – getrocknetem, fermentiertem Joghurt mit intensivem Aroma – schmecken. Dieses Frühstücksbrot war einfach himmlisch und genau richtig, um sich vor einer langen Wanderung zu stärken. Anstatt selbst gemachten *kishk* verwende ich Labneh – der mindestens genauso gut schmeckt!

Ergibt 4 Brote

Für den Teig

- 200 g Mehl, plus etwas mehr zum Verarbeiten
- 3,5 g (½ Päckchen) Trockenhefe
- 1 TL Salz
- ½ TL Zucker
- 1 EL Olivenöl, plus etwas mehr für die Schüssel

Für die Füllung

- 4 EL Olivenöl
- 1 Zwiebel, fein gehackt
- 250 g Lammhackfleisch mit 15–20 % Fett
- 2 Knoblauchzehen, zerdrückt
- 1 TL Piment
- 230 g Labneh (siehe Seite 24)
- Meersalz und frisch gemahlener schwarzer Pfeffer

1. Mehl, Trockenhefe, Salz und Zucker in eine Schüssel geben und gut vermischen. Eine Mulde in die Mitte drücken, das Olivenöl und 100 ml Wasser hineingeben und alles zu einem Teig verkneten. Falls der Teig zu trocken ist, noch bis zu 25 ml mehr Wasser dazugeben. Den Teig anschließend auf einer bemehlten Arbeitsfläche 6–7 Minuten kneten, bis er schön geschmeidig ist, dann in eine eingeölte Schüssel geben und an einem kühlen, dunklen Ort abgedeckt etwa 1 Stunde gehen lassen.

2. In der Zwischenzeit für die Füllung 2 EL Olivenöl in eine Pfanne geben und bei hoher Temperatur erhitzen. Zwiebeln, Lammhackfleisch, Knoblauch und eine großzügige Prise Salz und Pfeffer dazugeben und 8–10 Minuten unter Rühren anbraten, bis Fleisch und Zwiebeln goldbraun sind. Die Pfanne vom Herd nehmen, den Piment unterrühren, die Mischung in eine Schüssel geben und abkühlen lassen. Den Labneh unterrühren und mit Salz abschmecken.

3. Den Backofen auf 220 °C (200 °C Umluft / Gas Stufe 7) vorheizen, ein Backblech mit Backpapier auslegen und dieses mit Öl bepinseln. Aus dem Teig vier Kugeln formen, mit Mehl bestauben und dann zu Kreisen von etwa 15 cm Durchmesser ausrollen.

4. Ein Viertel der Füllung in die Mitte jedes Teigkreises geben und die Ränder mit etwas Wasser befeuchten. Die Ränder der Teigkreise von drei Stellen zur Mitte hin ziehen, sodass dreieckige Täschchen entstehen. Die Ränder gut zusammendrücken und die Täschchen auf das vorbereitete Backblech geben.

5. Die Täschchen mit Olivenöl bepinseln, mit Salz bestreuen und 18–20 Minuten goldbraun backen. Die fertigen Frühstücksbrote aus dem Ofen nehmen und vor dem Servieren 5 Minuten abkühlen lassen.

GEORGINAS SPINAT-FATTAYAH

Das Autofahren im Libanon hat seine Höhen und Tiefen. Es ist einfach wunderbar, genau dahin fahren zu können, wo man will, und die Landschaft so auf eigene Faust zu entdecken. Aber es gibt auch, na ja, sagen wir einmal Herausforderungen. Straßenschilder sind, wenn es welche gibt, auf Arabisch beschriftet, was ich nicht lesen kann, und es gibt im Grunde keine Straßennamen. Nach einer besonders anstrengenden Fahrt von Tripoli in ein kleines Bergdorf, wo ich meine Freundin Georgina besuchen wollte, rollte ich vollkommen erschöpft in die Einfahrt ihres Hauses und krachte prompt in ihre Garage. Sie sah wohl die Verzweiflung in meinen Augen und servierte mir zur Beruhigung ihre berühmten Spinat-*fattayah*. Das war das Beste, was mir nach dieser schrecklichen Fahrt passieren konnte – und was noch besser ist: Sie hat mir ihr Rezept verraten!

Ergibt 8 Brote

Für den Teig
150 Mehl, plus etwas mehr zum Verarbeiten
50 g Vollkornmehl
3,5 g (½ Päckchen) Trockenhefe
1 TL Salz
½ TL Zucker
2 EL Olivenöl, plus etwas mehr für die Schüssel

Für die Füllung
200 g Spinat
2 Tomaten
1 Zwiebel, fein gehackt
Saft von 1 Zitrone
2 TL Sumach
1 TL Piment
1 EL Olivenöl
50 ml Milch
Meersalz und frisch gemahlener schwarzer Pfeffer

1. Mehl, Vollkornmehl, Trockenhefe, Salz und Zucker in eine Schüssel geben und gut vermischen. Eine Mulde in die Mitte drücken, das Olivenöl und 100 ml Wasser hineingeben und alles zu einem Teig verkneten. Falls der Teig zu trocken ist, noch bis zu 25 ml mehr Wasser dazugeben. Den Teig anschließend auf einer bemehlten Arbeitsfläche 6–7 Minuten kneten, bis er schön geschmeidig ist, dann in eine eingeölte Schüssel geben und an einem kühlen, dunklen Ort abgedeckt etwa 1 Stunde gehen lassen.

2. Aus dem Teig acht Kugeln formen, diese bemehlen und dann zu Kreisen von 10–12 cm Durchmesser ausrollen.

3. Für die Füllung den Spinat in eine Schüssel geben, mit den Händen kräftig ausdrücken – indem man die Fasern so etwas »zerstört« ist es einfacher, den Spinat zu verarbeiten –, dann auf ein Schneidebrett geben und fein hacken. Den gehackten Spinat wieder in die Schüssel geben. Die Tomaten halbieren und die Kerne herausdrücken, diese würden die Füllung zu wässrig machen. Das Tomatenfleisch fein hacken und dann zusammen mit Zwiebeln, Zitronensaft, Sumach, Piment, Olivenöl und einer großzügigen Prise Salz und Pfeffer zum Spinat geben und alles gut vermischen.

4. Den Backofen auf 180 °C Umluft (200 °C / Gas Stufe 6) vorheizen, ein Backblech mit Backpapier auslegen und dieses mit Öl bepinseln. Die Ränder der Teigkreise mit etwas Wasser befeuchten, damit man sie später besser verschließen kann. Die Füllung gleichmäßig auf die Teigkreise verteilen und die Ränder von drei Stellen zur Mitte hin ziehen, sodass dreieckige Täschchen entstehen. Die Ränder gut zusammendrücken, die Täschchen auf das vorbereitete Backblech geben, mit etwas Milch bepinseln und dann 12–15 Minuten goldbraun backen. Die fertigen *fattayah* vor dem Servieren komplett abkühlen lassen.

RINDFLEISCH-JOGHURT-RÖLLCHEN

[LAHM BAJINE]

Diese kleinen Röllchen aus hauchdünnem Teig und der tollen Füllung aus Rinderhackfleisch, Joghurt, Tahin, Granatapfelsirup und Gewürzen sind unschlagbar als Partysnacks!

Ergibt 20 Röllchen

Für den Teig
200 g Mehl, plus etwas mehr zum Verarbeiten
3,5 g (½ Päckchen) Trockenhefe
1 TL Salz
1 TL Zucker
1 EL Olivenöl
50 g geschmolzene Butter

Für die Füllung
1½ EL Olivenöl
15 g geröstete Pinienkerne
½ Zwiebel, fein gehackt
170 g Rinderhackfleisch mit 15–20 % Fett
¾ TL Piment
1 EL Rotweinessig
1 TL getrocknete Minze
200 g griechischer Joghurt
1 EL Tahin
2 EL Granatapfelsirup
Meersalz

Für den Dip
200 g griechischer Joghurt
½ Knoblauchzehe, gepresst
Saft von ½ Zitrone
1 TL getrocknete Minze
Meersalz

1. Für den Teig Mehl, Trockenhefe, Salz und Zucker in eine Schüssel geben und gut vermischen. Das Olivenöl und 125 ml Wasser dazugeben und alles zu einem Teig verkneten. Den Teig auf eine bemehlte Arbeitsfläche geben und 5–6 Minuten kneten, bis er geschmeidig ist.

2. Eine saubere Arbeitsfläche mit etwas geschmolzener Butter bepinseln und den Teig in zwei Hälften teilen. Eine Teighälfte auf die Arbeitsfläche geben und mit den Händen flach drücken. Etwas Butter auf den Händen verteilen, den Teig von beiden Seiten damit einreiben und dann mit den Händen zu einem Kreis von 45 cm Durchmesser ziehen. Dabei macht es nichts, wenn der Teig etwas einreißt, wichtig ist nur, dass er so dünn wie möglich ist. Den Teig locker zu einer dünnen Rolle aufrollen und auf einen eingefetteten Teller geben. Mit der zweiten Teighälfte wiederholen und die Teigrollen dann für 1 Stunde kalt stellen.

3. In der Zwischenzeit für die Füllung das Olivenöl in eine Pfanne geben und bei hoher Temperatur erhitzen. Pinienkerne, Zwiebeln und Rinderhackfleisch dazugeben und 8–10 Minuten goldbraun braten. Piment und eine großzügige Prise Salz dazugeben und gut unterrühren. Die Mischung anschließend in eine Schüssel geben und komplett abkühlen lassen. Essig, Minze, Joghurt, Tahin und Granatapfelsirup dazugeben, gut verrühren und die Füllung mit Salz abschmecken.

4. Den Backofen auf 200 °C (180 °C Umluft / Gas Stufe 6) vorheizen, ein Backblech mit Backpapier auslegen und dieses mit Öl bepinseln. Die Teigrollen aus dem Kühlschrank nehmen und in je zehn Teile schneiden. Eine saubere Arbeitsfläche sowie die Hände mit etwas geschmolzener Butter bepinseln, eine Teigportion zu einem Kreis von 7–10 cm Durchmesser ziehen, 1 TL Füllung in die untere Hälfte des Kreises geben und zu einer horizontalen Linie verteilen. Die Seiten über die Füllung nach innen falten, dann den Teig von unten nach oben zu einer zigarrenähnlichen Rolle aufrollen und auf das Backblech geben. Mit dem restlichen Teig und der restlichen Füllung wiederholen. Die Röllchen 12–15 Minuten goldbraun backen, herausnehmen und 5–10 Minuten abkühlen lassen.

5. Joghurt, Knoblauch, Zitronensaft, 2–3 EL Wasser, Minze und eine Prise Salz verrühren und als Dip zu den lauwarmen Röllchen servieren.

RINDFLEISCH IM TEIGMANTEL NACH SIDON-ART

Die arabische Bezeichnung für diese köstlichen Häppchen, die an Würstchen im Schlafrock erinnern, ist *lahm bajine* – ein klassisches Gericht, das überall im Libanon in verschiedensten Versionen zubereitet wird. Diese Variante habe ich in Sidon entdeckt. In einer der unzähligen kleinen Gässchen im Souk von Sidon buk ein alter Mann in einer winzigen Bäckerei – eigentlich war es mehr ein Ofen in einem Steindurchgang – diese kleinen Köstlichkeiten: Ich habe mir gleich mehrere davon direkt heiß aus dem Ofen gegönnt! Der säuerliche Sumach und der superknusprige Teig ergeben eine unglaubliche Kombination, die regelrecht süchtig macht. Im Libanon darf man das zwar nicht laut sagen, aber: Gekaufter Blätterteig ist perfekt für diese unwiderstehlichen Happen!

Ergibt 8 Stück

- 2 EL Olivenöl, plus etwas mehr zum Bepinseln
- 1 Zwiebel, fein gehackt
- 250 g Rinderhackfleisch mit 15–20 % Fett
- 2 EL Sumach, plus etwas mehr zum Bestreuen
- 1 TL Piment
- ¼ TL gemahlener Zimt
- 320 g Blätterteig
- Mehl, zum Bestauben
- Meersalz

1. Für die Füllung das Olivenöl in einen Topf geben und bei mittlerer Temperatur erhitzen. Zwiebeln und eine großzügige Prise Salz dazugeben, unter gelegentlichem Umrühren 6–8 Minuten anbraten, bis sie goldbraun sind und dann in eine Schüssel geben. Das Rinderhackfleisch, 1 EL Sumach, Piment, Zimt und etwas Salz dazugeben und verrühren, bis alles gut vermischt ist.

2. Den Backofen auf 200 °C (180 °C Umluft / Gas Stufe 6) vorheizen, ein Backblech mit Backpapier auslegen und dieses mit Öl bepinseln. Den Blätterteig auf eine leicht bemehlte Arbeitsfläche geben und mit dem restlichen Sumach bestreuen – das sorgt für einen tollen säuerlichen Kick! Den Teig der Länge nach halbieren und dann jeden Streifen der Breite nach dreimal durchschneiden, sodass acht Rechtecke entstehen.

3. Etwas von der Füllung auf das untere Ende eines Teigrechtecks geben und der Breite nach gleichmäßig verteilen. Das Rechteck der Länge nach aufrollen und dann mit der offenen Seite nach unten auf das vorbereitete Backblech geben. Mit dem restlichen Teig und der restlichen Füllung wiederholen. Die Teigrollen mit Olivenöl bepinseln, mit etwas Salz und Sumach bestreuen und dann 15–20 Minuten backen, bis sie goldbraun sind. Die *lahm bajine* aus dem Ofen nehmen und vor dem Servieren einige Minuten abkühlen lassen.

DRUSISCHES FRÜHSTÜCKSBROT

Meinen ersten Einblick in die drusische Community im Libanon bekam ich, als ich meine Freundin Rima in dem kleinen Dorf Ramliyeh im Chouf-Gebirge besuchte. Wir schlenderten durch ruhige Nebenstraßen zu einer kleinen Bäckerei, um dort zu frühstücken. Das war für mich ein echtes Highlight, da die Drusen für ihre Brotbackkunst bekannt sind. Die Bäckerei gehört einer sehr eindrucksvollen Frau, die eine lange weiße Robe, das traditionelle Gewand einer hochreligiösen Drusin, trug. Geschickt zaubert sie aus etwas Teig kleine Brotkörbchen für ein Gericht namens *man'ouche bida qawarma* – Fladenbrot mit Ei und eingelegtem Lammschwanz. Sie verteilte das gewürzte Fleisch und etwas Fett auf dem Teig und schlug dann ein Ei in die Mitte. Nach einigen Minuten im glühend heißen Ofen wurden daraus goldbraune, knusprige Köstlichkeiten. Wir nahmen die Brote mit nach Hause und verspeisten sie mit Tee – das war eine unglaubliche erste Begegnung mit dieser interessanten Bevölkerungsgruppe. Da eingelegter Lammschwanz – *qawarma* – bei uns nicht so einfach zu bekommen sind, verwende ich für dieses Rezept Lammhackfleisch.

Ergibt 4 Brote

Für den Teig
400 g Mehl, plus etwas mehr zum Verarbeiten
7 g (1 Päckchen) Trockenhefe
2 TL Salz
1 TL Zucker
2 EL Olivenöl, plus etwas mehr für die Schüssel
100 ml Milch

Für die Füllung
140 g Lammhackfleisch mit 20 % Fett
½ TL Piment, plus etwas mehr zum Bestreuen
4 Eier
Meersalz

1. Mehl, Trockenhefe, Salz und Zucker in eine Schüssel geben und gut vermischen. Eine Mulde in die Mitte drücken, Olivenöl, Milch und 150 ml Wasser hineingeben und alles zu einem Teig verkneten. Falls der Teig zu trocken ist, einfach noch einige TL Wasser dazugeben. Den Teig anschließend auf einer bemehlten Arbeitsfläche 6–7 Minuten kneten, bis er schön geschmeidig ist, dann in eine eingeölte Schüssel geben und an einem kühlen, dunklen Ort abgedeckt etwa 1 Stunde gehen lassen.

2. In der Zwischenzeit Lammhackfleisch, Piment und eine großzügige Prise Salz in eine Schüssel geben und gut vermischen.

3. Den Backofen auf 200 °C (180 °C Umluft / Gas Stufe 6) vorheizen, ein Backblech mit Backpapier auslegen und dieses mit Öl bepinseln. Den Teig auf eine bemehlte Arbeitsfläche geben, mit den Fäusten die Luft herausdrücken und dann aus dem Teig vier Kugeln formen. Jede Kugel mit einem Nudelholz zu einem Kreis von etwa 20 cm Durchmesser ausrollen. Die Seiten einmal nach innen umschlagen und dann mit den Fingern zusammendrücken, um einen etwa 2,5 cm hohen Wellenrand zu formen. Die fertigen Brote sollten im Durchmesser etwa 15 cm groß sein. Die Brote auf das vorbereitete Backblech geben und 9–10 Minuten backen, bis sie leicht aufgehen.

4. Die Brote aus dem Ofen nehmen und die Böden mit einem Löffelrücken etwas flach drücken. Das gewürzte Lammhackfleisch auf den Böden verteilen, je ein Ei in die Mitte schlagen und mit etwas Salz und Piment bestreuen. Die Brote wieder in den Ofen geben, 12–15 Minuten backen, bis das Ei gestockt ist, und sofort servieren.

DESSERTS & SÜSSES

LIBANESISCHER FRENCH TOAST MIT JOHANNISBROTSIRUP UND TAHIN

Für dieses tolle Dessert, das übrigens auch als Frühstück sagenhaft ist, braucht man einige libanesische Grundzutaten, die aber auch hierzulande gut erhältlich sind. Es ist ein alter Trick libanesischer Mütter, Johannisbrotsirup mit Tahin zu mischen, denn das ergibt eine herrlich cremige, karamell-ähnliche Mischung, die man wunderbar mit Fladenbrot auftunken kann. Der Johannisbrotbaum ähnelt dem Olivenbaum und sieht wunderschön aus, und der aus den knorrigen braunen Schoten gewonnene Sirup hat einen ungewöhnlichen, leicht säuerlichen Geschmack. Mischt man diesen mit Tahin, entwickelt sich eine wunderbare Süße. Ich serviere diese köstliche Sauce mit French Toast – ein absolutes Highlight zu jedem Brunch!

Für 2 Personen

2 Eier
60 ml Milch
½ TL gemahlener Zimt
20 g Zucker
4 Scheiben Brioche- oder Toastbrot
30 g Butter
50 g Johannisbrotsirup, plus etwas mehr zum Beträufeln
60 g Tahin, plus etwas mehr zum Beträufeln
½ TL geröstete Sesamsamen, zum Servieren

1. Eier, Milch, ¼ TL Zimt und Zucker in eine flache Schüssel oder einen tiefen Teller geben und verquirlen. Die Brotscheiben nach und nach hineingeben und je etwa 4–5 Minuten darin liegen lassen, dabei einmal wenden, bis sie sich richtig schön vollgesaugt haben.

2. Die Hälfte der Butter in eine große beschichtete Pfanne geben und bei mittlerer Temperatur zerlassen. Zwei Brotscheiben hineingeben und goldbraun braten. Bei mir funktioniert es immer am besten, wenn ich die Scheiben zunächst 2–3 Minuten von einer Seite und dann noch eine weitere Minute von der anderen Seite anbrate. Die fertigen French Toasts auf einen vorgewärmten Teller geben und die restlichen French Toasts braten.

3. Johannisbrotsirup und Tahin in eine Schüssel geben, gut verrühren, bis eine wunderbar dicke, cremige Sauce entsteht, und dann über die French Toasts träufeln. Die Toasts schließlich noch mit Sesamsamen und dem restlichen Zimt bestreuen und etwas Johannisbrotsirup und Tahin als Dekoration darüberträufeln.

BITTERSCHOKOLADEN-HALVA-TARTE

Beirut ist unglaublich hip, cool und kreativ. Es gibt unzählige ausgefallene kleine Läden, viel Streetart, gerammelt volle Bars, lässige Restaurants und tolle Clubs. Und wie jeder weiß, kommt eine hippe Stadt nicht ohne coole Cafés im Industrial-Stil mit tätowierten Baristas und gemütlichen Couchen aus – und das ist auch in Beirut der Fall. Mein Lieblingsladen ist das Kalei Coffee Co in Mar Mikhaël. Ich habe dort schon sehr viel Zeit verbracht, in dem hübschen kleinen Innenhof unzählige Tassen schwarzen Kaffee getrunken, meine Notizen geordnet, geschrieben und – ganz klar – Kuchen gegessen. Es gibt dort eine unglaubliche Schokoladen-Sesam-Torte, die meine Inspiration für dieses Rezept war: eine süchtig machenden Tarte mit Bitterschokolade und nussigem *halva*, einer Art Sesamriegel, der in der Konsistenz krümeligem Käse ähnelt und wunderbar süß schmeckt.

Für 10–12 Personen

3 EL Kakaopulver
250 g Mehl, plus etwas mehr zum Verarbeiten
175 g kalte Butter, in Stückchen geschnitten, plus etwas mehr für die Form
1 Ei, verquirlt
Öl für die Schüssel
Meersalz

Für die Füllung
400 g Sahne
70 g Zucker
300 g Bitterschokolade (70 %)
150 g Halva

1. Kakaopulver und Mehl in eine Schüssel sieben, eine Prise Salz und 125 g Butter dazugeben und mit den Fingern verreiben, bis eine krümelige Masse entsteht. Das Ei und 1 EL kaltes Wasser dazugeben und alles zu einem Teig verkneten. Bei Bedarf noch einige TL Wasser dazugeben. Den Teig in eine eingeölte Schüssel geben und abgedeckt für etwa 30 Minuten kalt stellen.

2. Eine Tarteform (23 cm Durchmesser, 2,5 cm hoch) einfetten. Den Teig auf eine bemehlte Arbeitsfläche geben und zu einem Kreis im Durchmesser einige Zentimeter größer als die Form ausrollen, dabei den Teig immer wieder wenden, sodass er nicht festklebt. Den Teig in die Form geben, den Boden festdrücken, den Rand hochziehen und überschüssigen Teig wegschneiden. Die Form mit Backpapier auslegen, mit getrockneten Hülsenfrüchten beschweren und dann für etwa 15 Minuten kalt stellen.

3. Den Backofen auf 200 °C (180 °C Umluft / Gas Stufe 6) vorheizen und den Tarteboden etwa 15 Minuten blind backen, dann die Hülsenfrüchte und das Backpapier entfernen und weitere 5 Minuten backen. Den Boden aus dem Ofen nehmen (wenn er aufgegangen ist, das Backpapier und die Hülsenfrüchte wieder daraufgeben, sodass er flach gedrückt wird), in der Form komplett auskühlen lassen, dann vorsichtig auf eine Kuchenplatte stürzen und wenden.

4. In der Zwischenzeit die restliche Butter sowie Sahne und Zucker in einen kleinen Topf geben und unter gelegentlichem Umrühren 5–6 Minuten erwärmen. Vom Herd nehmen, die Schokolade hineinbrechen, einige Minuten stehen lassen und dann zu einer cremigen Ganache verrühren.

5. 120 g Halva in Stücke zerbrechen und auf dem Tarteboden verteilen – das sorgt für eine tolle Textur! Die Ganache darübergießen und mit dem Löffelrücken verteilen. Die Tarte für einige Stunden kalt stellen, bis die Füllung fest geworden ist, dann mit etwas Meersalz und dem restlichen zerbröselten Halva bestreuen, in Stücke schneiden und servieren.

KÜRBIS-JAZARIEH MIT ROSENWASSER

Einer meiner absoluten Lieblingssouks befindet sich in Tripoli: Mit seinen engen, verwinkelten Gässchen und den überdachten Marktstraßen ist er einfach spektakulär. Die Händler sind sehr nett, und das Essen ist einfach unglaublich. Außerdem findet man hier das frischeste Obst und Gemüse, unglaublichen Honig, duftendes Rosenwasser und unterschiedlichste Gewürze. Und wenn man Hunger hat, gönnt man sich am besten einen Teller knusprige Falafeln, ein saftig-würziges Schawarma oder eine Portion Hummus – ich verspreche Ihnen: Besser geht es nicht! Bei einem meiner Besuche nahm mich mein Freund Hisham mit zu dem kleinen Laden von Noah Al Haddad. Noah hat das Geschäft von seinem Großvater übernommen und bietet dort ein tolles Dessert namens *jazarieh* an: Das ist cremiger Kürbis, der stundenlang in Zuckersirup gekocht und dann mit Nüssen und verschiedensten anderen Toppings garniert wird. Diese selbst gemachte Variante ähnelt eher einem süßen Chutney: Es schmeckt toll auf Vanilleeis oder mit frischem Obst und einem riesigen Klecks Sahne!

Für 6–8 Personen

500 g Kürbis, Schale und Kerne entfernt, in Spalten geschnitten
½ TL Natron
150 g Zucker
1 TL Rosenwasser
Saft von ½ Zitrone
30 g Walnusskerne, grob zerstoßen
20 g Mandelkerne, grob zerstoßen

1. Die Kürbisspalten in einen Topf geben und mit Wasser aufgießen, bis sie ganz bedeckt sind. Das Natron dazugeben, gut unterrühren und die Mischung dann abgedeckt etwa 6 Stunden ziehen lassen. Die Kürbisspalten in eine Sieb geben, mit kaltem Wasser abspülen, dann mit Küchenpapier trockentupfen und mit einer Käsereibe grob reiben.

2. Zucker, Rosenwasser, Zitronensaft und 100 ml Wasser in einen großen Topf geben, bei hoher Temperatur einmal aufkochen und dann 2–3 Minuten köcheln lassen, bis sich der Zucker aufgelöst hat. Den geriebenen Kürbis dazugeben, nochmals aufkochen lassen und dann unter gelegentlichem Umrühren 15–20 Minuten köcheln lassen, bis er den ganzen Zuckersirup aufgenommen hat.

3. Die Temperatur reduzieren und den Kürbis abgedeckt 50–60 Minuten köcheln lassen, bis er wunderbar weich ist und glänzt. Den Topf vom Herd nehmen, Walnüsse und Mandeln dazugeben, gut unterrühren und sofort servieren.

ERDNUSS-HONIGWABEN

[FISTKIEH]

Süßwarengeschäfte, die Eiscreme, Kekse und Gebäck verkaufen, gibt es überall im Libanon – man kann getrost behaupten, dass das ganze Land eine Schwäche für Süßes hat. Wenn man den Blick über die Regale schweifen lässt, findet man in so gut wie jedem Geschäft auch *fistkieh*, Riegel aus gerösteten Erdnüssen und Zuckersirup mit Natron. Das Natron sorgt dafür, dass der Zuckersirup schäumt und schließlich voller Luftblasen ist, so wird er zu sogenanntem Honeycomb, einem honigwabenähnlichem Karamellriegel, den man auch einfach Honigwabe nennt. *Fistkieh* schmeckt toll zum Kaffee oder zerbröselt als Topping auf Eiscreme.

Für 6 Personen

175 g ungesalzene Erdnüsse
250 g Zucker
2 EL Golden Syrup (heller Zuckerrohrsirup)
2 TL Natron
Öl für die Form

1. Den Backofen auf 200 °C (180 °C Umluft / Gas Stufe 6) vorheizen, ein Backblech mit Backpapier auslegen und dieses mit Öl bepinseln. Die Erdnüsse in eine Backform geben und 18–20 Minuten im Ofen rösten, dabei die Form alle 4–5 Minuten leicht schwenken, sodass sie gleichmäßig geröstet werden. Die gerösteten Erdnüsse aus dem Ofen nehmen und beiseite stellen.

2. Zucker und Golden Syrup in einen hohen Topf mit schwerem Boden geben und bei mittlerer Temperatur erwärmen, bis sich der Zucker komplett aufgelöst hat.

3. Die Erdnüsse in den Topf geben und gut unterrühren, dann das Natron dazugeben und einmal umrühren. Der Zuckersirup schäumt durch das Natron wie wild, daher ist es wichtig, dass man einen hohen Topf verwendet. Die Mischung schließlich auf das vorbereitete Backblech gießen und komplett abkühlen lassen.

4. Die gehärtete Mischung vom Backblech nehmen, das Backpapier vorsichtig abziehen, die Honigwabe in Stücke brechen und servieren.

PISTAZIENEIS

Am Rand der Medina von Tripoli befindet sich das Balha Glace, ein Eisgeschäft, das für sein Pistazien-*ashta*-Eis berühmt ist. *Ashta* ist die arabische Variante der Crème double oder Mascarpone und wird für verschiedenste libanesische Desserts verwendet. Wenn man dieses Eis im Balha Glace bestellt, bekommt man eine Eistüte gefüllt mit cremigem Eis, das an Softeis erinnert und zum krönenden Abschlus in einen Behälter mit zerstoßenen Pistazien getaucht wird – ein Traum! Für dieses Rezept braucht man nicht unbedingt eine Eismaschine: Das Eis wird auch ohne durch das *ashta* wunderbar samtig und cremig. Für die perfekte grüne Farbe verwende ich am liebsten die intensiv grünen iranischen Pistazien und normale Pistazien als Topping. Fall Sie keine iranischen Pistazien bekommen, verwenden Sie einfach andere ungesalzene Pistazien. Das Eis wird dann zwar nicht so intensiv grün – aber dem Geschmack tut das keinen Abbruch!

Für 6 Personen

100 g gestiftelte iranische Pistazien
150 g Zucker
250 ml Milch
2 Eier, verquirlt
250 g Sahne
225 g Crème double oder Mascarpone
50 g Pistazienkerne, fein zerstoßen

1. Die gestiftelten Pistazien und 110 g Zucker im Mixer einige Minuten zerkleinern, bis ein feines Pulver entsteht. Das Pistazien-Zucker-Pulver zusammen mit der Milch in einen Topf geben und bei geringer Temperatur unter gelegentlichem Umrühren zum Köcheln bringen

2. Die Eier und den restlichen Zucker in eine große Schüssel geben und schaumig schlagen, dann nach und nach die Milch-Pistazien-Mischung dazugeben und unterrühren. Die Mischung wieder in den Topf gießen und bei geringer Temperatur unter ständigem Rühren 10–12 Minuten köcheln lassen, bis eine dickflüssige Creme entsteht. Die Creme in eine Schüssel geben, komplett abkühlen lassen und dann mit Frischhaltefolie abgedeckt für 2 Stunden kalt stellen.

3. Die Sahne in eine große Schüssel geben und steif schlagen. Die Crème double oder Mascarpone und dann die gekühlte Pistaziencreme unterrühren, bis alles gut vermischt ist.

4. Die Eismasse in die Eismaschine geben und nach Herstelleranleitung frieren lassen. Wenn Sie keine Eismaschine haben, die Eismasse in einen geeigneten Behälter füllen, 2 Stunden im Kühlfach frieren lassen, herausnehmen, mit einer Gabel durchrühren, wieder kühlen und nach 2 Stunden nochmals durchrühren. Nach weiteren etwa 4–6 Stunden im Kühlfach ist das Eis fertig.

5. Das fertige Eis etwa 10 Minuten vor dem Servieren aus dem Kühlfach nehmen. Die zerstoßenen Pistazienkerne in einen tiefen Teller geben, einen Eisportionierer in heißes Wasser tauchen, eine Eiskugel ausstechen, diese in den Teller mit den Pistazienkernen geben und hin- und herrollen, bis sie rundherum mit Pistazien bedeckt ist. Die Eiskugeln in Eistüten oder Schüsseln geben und sofort servieren.

LIBANESISCHE NÄCHTE

[LAYALI LUBNAN]

Dieses Dessert habe ich zum ersten Mal in dem kleinen Dorf Ramliyeh im Chouf-Gebirge gegessen. Nach einem reichhaltigen Festmahl bereitete meine Freundin Rima diese unglaublich cremigen kleinen Puddingdesserts zu, die sie Libanesische Nächte nannte: Was für ein toller Name, fast wie in 1001 *Nacht!* Der Pudding aus der gesüßten Grieß-Milch-Mischung ist ein typisches arabisches Dessert, darauf kommen eine Sahnecreme und verschiedene Toppings. Die samtig-cremige Konsistenz und der herrlich süße Geschmack erinnern mich immer automatisch an meine Kindheit – ein wunderbar wohliges Gefühl. Und für eine etwas luxuriösere Version braucht man nur einige kleine Extras: Rosenwasser, Zitronensaft und getrocknete Aprikosen!

Für 4 Personen

250 ml Milch
50 g feiner Grieß
70 g gesüßte Kondensmilch
1 EL plus ½ TL Rosenwasser
abgeriebene Schale und Saft von ½ unbehandelten Zitrone
200 g Crème double
2 EL Puderzucker

Zum Dekorieren

4 getrocknete Aprikosen, in dünne Scheiben geschnitten
5 g geröstete Mandelblättchen
1 EL getrocknete Rosenblätter

1. Milch und Grieß in einen beschichteten Topf geben und bei geringer Temperatur unter gelegentlichem Umrühren 8–10 Minuten erwärmen, bis die Mischung cremig wird. Kondensmilch, 1 EL Rosenwasser und die abgeriebene Zitronenschale dazugeben und unterrühren. Die Mischung vom Herd nehmen, 2–3 Minuten abkühlen lassen, dann in vier hohe Dessertgläser füllen und für 15–20 Minuten kalt stellen.

2. In der Zwischenzeit Crème double, Zitronensaft, Puderzucker und das restliche Rosenwasser in eine Schüssel geben und verrühren, bis eine dicke Creme entsteht. Die Creme auf die Gläser verteilen und dann für weitere 15–20 Minuten kalt stellen. Man kann dieses Dessert auch problemlos bereits am Vortag zubereiten und dann über Nacht in den Kühlschrank geben. Am nächsten Tag die Gläser herausnehmen, Aprikosenstückchen, Mandelblättchen und getrocknete Rosenblätter darüberstreuen und sofort servieren.

DULCE-DE-LECHE-KNAFEH

Knafeh ist ein traditionelles arabisches Dessert, und es zu erklären, ist eine echte Herausforderung: Frittierter Teig mit Käse und Sirup – ich meine, das ist einfach schwer vorstellbar, oder? Man kann es aber auch so sehen: Knusprig-buttrige Teigfäden, cremiger Mozzarella, der vor allem für eine spannende Textur sorgt, und Zuckersirup ... irgendwie hört sich das auch interessant an, stimmt's? Mein Rezept ist dem traditionellen relativ nahe, etwas Dulce de leche und Vanilleeis sorgen hier allerdings für moderne Noten. Ich achte bei meinen Rezepten immer darauf, dass sie leicht nachzukochen sind, und gebe daher meist Alternativzutaten an, aber der Teig, den man für *knafeh* braucht, ist sehr speziell, man sollte dafür also unbedingt ein arabisches Lebensmittelgeschäft aufsuchen und genau diese Art von Teig kaufen – die dünnen an Fadennudeln erinnernden Teigfäden sorgen dafür, dass das *knafeh* einzigartig knusprig wird!

Für 4 Personen

30 g Zucker
1 TL Rosenwasser
1 TL Zitronensaft
160 g Knafeh-Teig
65 g Butter
65 g Mozzarella
60 g Dulce de leche

Zum Servieren
Vanilleeis
gestiftelte iranische Pistazien, fein zerstoßen

1. Zucker, Rosenwasser, Zitronensaft und 80 ml Wasser in einen kleinen Topf geben, bei hoher Temperatur einmal aufkochen und dann köcheln lassen, bis sich der Zucker aufgelöst hat. Beiseitestellen.

2. Die *knafeh*-Teigfäden vorsichtig voneinander lösen und in eine Schüssel geben, dabei darauf achten, die Fäden möglichst nicht zu zerbrechen.

3. 55 g Butter in einen kleinen Topf geben und bei geringer Temperatur zerlassen. Die geschmolzene Butter über die Teigfäden gießen und gut umrühren, sodass die Fäden komplett mit Butter überzogen sind.

4. Weitere 5 g Butter in den Topf geben und bei mittlerer Temperatur zerlassen. Die Hälfte des Teiges dazugeben und flach drücken, sodass ein Kreis (etwa 10 cm Durchmesser) entsteht. Den Mozzarella darauf verteilen, dabei zum Rand etwa 1 cm Platz lassen, dann den restlichen Teig daraufgeben (Teigboden und -deckel sollten etwa gleich dick sein). Die Seiten mit einem Löffel glätten und das *knafeh* dann 4–6 Minuten im Topf backen, bis die Unterseite goldbraun ist.

5. Das *knafeh* auf einen Teller stürzen, die restliche Butter im Topf zerlassen, das *knafeh* wieder hineingeben, die Seiten mit einem Löffel glätten und weitere 3–4 Minuten backen, bis es rundherum goldbraun ist.

6. Die Temperatur erhöhen, den Zuckersirup in den Topf geben, 1–2 Minuten erhitzen und das *knafeh* dann auf einen Teller stürzen.

7. In der Zwischenzeit die Dulce de leche in einen kleinen Topf geben und bei geringer Temperatur erhitzen, bis es flüssig wird.

8. Einige Kugeln Vanilleeis auf das *knafeh* geben, mit Dulce de leche beträufeln, mit Pistazien bestreuen und sofort servieren.

DATTEL-ZIMT-QUADRATE

[MAAMOUL MAD]

Maamoul mad ist eine Art Grießkuchen mit einer süßen Füllung aus Datteln. Abu Hassan bereitet dieses Dessert seit Jahren in einem Steindurchgang im Souk von Sidon zu. Jeden Tag bäckt er riesige runde, wunderbar knusprige, goldbraune *maamoul mad*, die er in kleine Quadrate schneidet, die im ganzen Libanon verkauft werden – weil seine Version einfach die beste ist! Leider ist Abu nur in schallendes Gelächter ausgebrochen, als ich ihn nach seinem Rezept gefragt habe, das hier ist also meine Variante mit flüssigem Honig und zerstoßenen Nüssen, die auch sehr lecker ist. *Mahlab* ist ein Gewürz aus gemahlenen Kirschkernen, das im Libanon traditionell für Kuchen verwendet wird, hierzulande findet man es in vielen arabischen Lebensmittelgeschäften.

Für 15–20 Personen

225 g Grieß
110 g feiner Grieß
130 g Zucker
3,5 g (½ Päckchen) Trockenhefe
½ TL Mahlab (optional)
4 EL Rosenwasser
170 g geschmolzene Butter, plus etwas mehr für die Form
95 g Walnusskerne
500 g Medjool-Datteln, entkernt und Stiele entfernt
½ TL gemahlener Zimt
4 EL flüssiger Honig
25 g Pistazienkerne, grob zerstoßen

1. Grieß, Zucker, Trockenhefe und *mahlab* in eine Schüssel geben und gut vermischen. 2 EL Rosenwasser und die geschmolzene Butter unterrühren, dann die Mischung zwischen den Fingern verreiben, damit die Grießkörner möglichst keine Klümpchen bilden, und anschließend abgedeckt für 2 Stunden kalt stellen.

2. In der Zwischenzeit die Walnüsse in einen Mixer geben und fein mahlen. 25 g abmessen und beiseite legen. Die Datteln, das restliche Rosenwasser und den Zimt zu den gemahlenen Walnüssen in den Mixer geben und mixen, bis eine feine Paste entsteht.

3. Eine runde Kuchenform (23 cm Durchmesser) einfetten. Die Grießmischung aus dem Kühlschrank nehmen und nochmals mit den Fingern auflockern. Die Hälfte der Mischung in die Form geben, gut verteilen und mit den Händen flach drücken.

4. Darauf kommt die Dattelmasse. Dafür die Hände befeuchten, etwas von der Dattelmasse nehmen, zwischen den Handflächen flach drücken und dann auf den Grießboden geben. Diesen Vorgang so lange wiederholen, bis der Boden bedeckt und die Dattelmasse aufgebraucht ist. Zum Schluss die Dattelschicht mit befeuchteten Händen flach drücken.

5. Den Backofen auf 200 °C (180 °C Umluft / Gas Stufe 6) vorheizen. Die restliche Grießmasse in die Form geben, gut verteilen und flach drücken. Mit einem scharfen Messer an den Seiten entlangfahren. Den Kuchen 30–35 Minuten backen, bis er goldbraun ist, dann herausnehmen und komplett abkühlen lassen.

6. Das fertige *maamoul mad* auf einen großen Teller stürzen und dann mithilfe eines zweiten Tellers wenden, sodass die knusprige Seite oben ist. Mit Honig beträufeln, die Pistazien und die restlichen gemahlenen Walnüsse darüberstreuen und zum Servieren in Quadrate schneiden.

Grand Café
Grand Café

LIBANESISCHE CANNOLI

[ZNOUD EL SIT]

Traditionell werden *znoud el sit* für das Iftar, das Abendessen während des Ramadan, mit dem das Fasten gebrochen wird, zubereitet: Dafür werden kleine Teigröllchen mit einer cremigen Füllung namens *ashta*, einer Art Grießbrei, gefüllt und dann frittiert. Im Libanon bekommt man sie außerdem in vielen Cafés als kleinen Happen zum Kaffee. *Znoud el sit* heißt so viel wie »Frauenoberarm«, was vermutlich auf die Form, aber auch auf die weiche Füllung der Röllchen zurückzuführen ist. Für ein üppiges Dessert serviert man diese libanesische Cannoli-Variante am besten garniert mit Honig, Rosenblütenblättern und Pistazien.

Ergibt 12 Cannoli / für 4 Personen

50 g Butter
250 ml Milch, plus etwas mehr zum Bepinseln
60 g feiner Grieß
2 EL Zucker
1 TL Rosenwasser
6 Blätter Filoteig
Pflanzenöl, zum Frittieren
4 EL flüssiger Honig

Zum Garnieren
1 TL Rosenblätter
15 g gestiftelte iranische Pistazien

1. Die Butter in einen Topf geben und bei mittlerer Temperatur zerlassen. Milch, Grieß, Zucker und Rosenwasser dazugeben und unter Rühren 3–4 Minuten erwärmen, bis eine cremige, dicke Mischung entsteht. Die Mischung in eine flache, rechteckige Keramikform gießen, abgedeckt für einige Stunden kalt stellen, bis sie komplett ausgekühlt ist und anschließend mit einem Messer in zwölf Stücke schneiden.

2. Ein Blatt Filoteig auf ein Schneidebrett geben, der Länge nach in zwei Hälften schneiden und diese dann mit den kurzen Seiten zum Körper auf das Schneidebrett legen.

3. Ein Grießstück aus der Form nehmen, auf das untere Ende des Teigstreifens geben und mit den Fingern zu einer 4–5 cm langen Rolle formen. Die Füllung mit dem Teig eng einrollen, dabei nach und nach die Seiten nach innen schlagen, sodass die Füllung ganz bedeckt ist. Die fertige Rolle auf eine mit Frischhaltefolie ausgelegte große Platte geben und abdecken. Mit dem restlichen Teig und der restlichen Füllung wiederholen und die fertigen Cannoli dann für etwa 5 Minuten kalt stellen.

4. Das Pflanzenöl in einen Topf geben (der Topf sollte etwa 7–10 cm hoch gefüllt sein, sodass die Teigrollen komplett bedeckt sind) und bei mittlerer Temperatur erhitzen. Um zu prüfen, ob das Öl heiß genug ist, ein kleines Stück Filoteig hineingeben: Wenn es sofort blubbernd an die Oberfläche steigt und goldbraun wird, ist das Öl heiß genug. Jeweils 2–3 Teigrollen in das heiße Öl geben und 1–1½ Minuten frittieren, bis sie goldbraun sind. Mit einem Schaumlöffel herausnehmen und auf Küchenpapier kurz abtropfen lassen, dann auf eine Servierplatte geben und die restlichen Teigrollen frittieren. Die fertigen *znoud el sit* mit Honig beträufeln, mit Rosenblütenblätter und Pistazien bestreuen und sofort servieren.

CHEESECAKE MIT ROSENWASSER UND PISTAZIEN

Dieser sagenhafte Cheesecake ist von einem libanesischen Desserts namens *madlouka* inspiriert, was so viel heißt wie »gießen«. *Madlouka* besteht aus einer krümeligen Grießmasse, die auf einer Platte verteilt wird, darauf kommt eine wunderbar weiche Creme und Unmengen an Nüssen – diese Kombination hat mich irgendwie sofort an Cheesecake erinnert! Statt eines Grießbodens verwende ich allerdings einen klassischen amerikanischen Cheesecake-Boden aus Keksen und Pistazienkernen, und die wunderbar luftige Creme aus Frischkäse und Crème double oder Mascarpone wird mit Rosenwasser aromatisiert. Einfach traumhaft!

Für 8–10 Personen

Für den Boden
70 g Pistazienkerne
200 g Vollkornkekse
100 g geschmolzene Butter, plus etwas mehr für die Form
2 EL Rosenwasser
1 TL Mahlab (optional; siehe Seite 183)

Für das Topping
225 g Crème double oder Mascarpone
400 g Frischkäse
100 g Puderzucker
1 EL Rosenwasser

Zum Dekorieren
10 g gestiftelte iranische Pistazien, fein zerstoßen
1 EL getrocknete Rosenblätter

1. Für den Boden die Pistazienkerne im Mixer fein mahlen, dann die Kekse dazugeben und ebenfalls fein mahlen. Geschmolzene Butter, Rosenwasser und *mahlab* dazugeben und kurz mixen, bis eine feuchte Mischung entsteht.

2. Eine Springform (25 cm Durchmesser) einfetten, einen Streifen Backpapier in der Höhe der Form zuschneiden und an den Rand geben. Die Keksmischung hineingeben, gut verteilen und mit den Händen festdrücken. Den Boden anschließend für etwa 30 Minuten kalt stellen.

3. In der Zwischenzeit die Crème double oder Mascarpone in eine Schüssel geben und aufschlagen.

4. Frischkäse und Puderzucker in eine zweite Schüssel geben und glatt rühren. Die Frischkäsemischung und das Rosenwasser zur aufgeschlagenen Crème double oder Mascarpone geben und alles gut verrühren. Die Creme auf den Keksboden geben, gut verteilen und den Cheesecake dann für 2 Stunden kalt stellen, bis die Creme fest geworden ist.

5. Den Cheesecake aus dem Kühlschrank nehmen, die Springform öffnen, den Rand abnehmen, den Kuchen auf eine Kuchenplatte geben und den Backpapierstreifen vorsichtig abziehen. Den Cheesecake mit Pistazienkernen und Rosenblütenblättern bestreuen, in Stücke schneiden und sofort servieren.

REGISTER

DANKSAGUNG

Die Arbeit an *Küchenschätze aus dem Libanon* war etwas ganz Besonderes – ein echtes Abenteuer, das ich mehr als genossen habe und das nur durch die Unterstützung vieler lieber Menschen möglich war. Ohne Kamal Mouzawak gäbe es dieses Buch nicht: Kamal, du warst mein Schlüssel zum Libanon und hast mir unglaubliche Menschen und Köche vorgestellt – tausend Dank. Bedanken möchte ich mich außerdem bei Fadia Chaptini aus Jounieh, Georgina Bayeh aus Zhgarta – ich liebe deine *kibbeh*! –, Rita Ezhaya aus Jezzine, Rima Massoud, die mir alles über die drusische Küche beigebracht hat, Dima Al Chaar dafür, dass er einfach unglaublich ist, Rima Khodr aus Beirut, Jonny und dem gesamten Team des Beit Ammiq sowie Rima Husseini vom Palmyra Hotel in Baalbek. Standing Ovations gebühren zudem im Grunde jedem, der im Souk el Tayeb kocht!

Vielen Dank auch an die wunderbare Bethany Kehdy, eine mehr als talentierte Foodjournalistin, die mir immer helfend zur Seite steht und mich über ihre Firma *Taste Lebanon* mit Hisham Assaad bekannt machte – der mir unglaubliche Restaurants zeigte und bei dem einen oder anderen Glas zahlreiche Abende mit mir verbrachte.

Danke auch an meine Lektorin Tara: Du bist einfach wunderbar, und ich liebe es, mit dir zu arbeiten. Du sorgst dafür, dass alles makellos ist, und weißt mittlerweile, mit mir umzugehen – Spoiler-Alarm: Ich kann ein echter Kontrollfreak sein! Judith, danke, dass du wieder ein Buch mit mir gemacht hast – auf viele weitere! Bedanken möchte ich mich außerdem beim gesamten Team von Kyle Books und besonders bei Victoria Scales dafür, dass alles so reibungslos geklappt hat. Dr. Lise Storm möchte ich für ihre Recherchearbeit danken und meinen wunderbaren Agentinnen bei Yellow Poppy Media, Anna, Geraldine und Kate, für ihre einzigartige Unterstützung!

Last but not least: Vielen Dank an meine unglaubliche Crew. Nassima Rothacker, du bist die talentierteste Fotografin, die es gibt. Rosie Reynolds, der Preis für das beste Foodstyling geht eindeutig an dich: Selbst als du im neunten Monat schwanger warst, hast du härter gearbeitet als wir alle zusammen! Wei Tang, mit der ich bei allen meinen Büchern zusammengearbeitet habe, hat auch dieses Mal wieder alles richtig gemacht: Du bist einfach unglaublich! Die Blumen waren unbeschreiblich. Smith & Gilmour, danke für eure tolle Arbeit an diesem Buch. Und schließlich vielen Dank an Alan Keohane, der meine Reisen jedes Mal so unglaublich toll einfängt – Al, ohne dich wäre das alles nicht möglich.

Schließlich möchte ich mich auch noch bei meiner wunderbaren Familie bedanken, die für mich das Wichtigste auf der ganzen Welt ist. Sal und Al, besonders ihr beiden: Ich liebe euch wie verrückt. Und ja, Rosie und Tom, damit seid auch ihr gemeint, also keine Beschwerden dieses Mal! Und natürlich Giles und Rachel und die Kids, Daisy, Jake, Finn, Dylan und Anya: Bleibt so wunderbar, wie ihr seid, ihr macht eurem Onkel so viel Freude! Und an den ganzen tollen verrückten Rest: Ich liebe euch alle!